KB125778

나는 왜 **결혼**하지 않았을까?

·

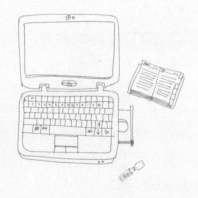

나는
왜
결혼하지
않았을까

?

한정선 지음

예 지
Wisdom Publishing

내가 존경하는 외할머니는
돌아가실 즈음 모든 사람을 용서하셨는데,
제일 마지막에야 용서한 사람은 중매쟁이였다.

엄마처럼
흐뭇하게, 할머니처럼
푸근하게

한때 나이 드는 것이 싫은 적도 있었지만 이제는 더 이상 두렵거나 싫지가 않다. 하루하루 잘 살아놓고 1년이 지나 먹게 되는 나이를 싫다 하면 양심 없는 일일 것이다.

나는 은퇴하는 것 또한 싫지가 않았다. 치열한 경쟁에서 물러나 멀찌감치 거리를 두고 편한 삶을 살아도 된다는 공식 허가같이 느껴졌기 때문이다. '좀더 하셔도 되는데…' '아직 젊으신데…' 하는 인사치레에 나는 진심으로 손사래를 쳤다. 은퇴를 앞둔 후배 교수들이 어찌 지내느냐고 물으면 은퇴 후의 삶도 참 좋다고 답한다.

점점 싫은 것도 줄어든다. 30대 중반에는 '아줌마'라고 부르는 소리에 화를 낸 적이 있었다. '아줌마'라니, 결혼도 하지 않은 사람에게 그게 무슨 망측한 소리람!

그런데 요즘엔 마트에서 나를 '할머니'라고 부르는 어린이들이 귀엽다. 그 아이들에게 내가 할머니처럼 푸근하게 느껴지는 것 같아 기분이 좋다.

'자제 분이 몇이세요?' '손주는 몇이세요?'라는 질문을 받을 때는 흐뭇하기까지 하다. 나에게서 올드미스, 아니 독거노인의 냄새가 나지 않는다는 증거라고 느껴지기 때문이다. 나는 '모두 잘 컸지요'라고 즐겁게 답하며 조카들을 생각한다. 마치 내가 키운 것처럼.

어느 날 예지 출판사의 대표가 연락을 해왔다. 오랜만에 만났기에 그동안 살아온 이야기로 시간 가는 줄 몰랐다. 처음으로 내 이름으로 책을 출판했을 때 편집자로 많은 애를 써주었던 분이다. 덕분에 참 편하게 책을 출판했다는 기억이 남아 있다. 나는 모든 책이 그렇게 마음 편하게 기분 좋게 서로 의논하며 출판되는 줄 알았다. 그러나 그로부터 20년이 지난 지금 그건 나의 착각이었음을 안다.

예지 출판사의 대표는 나에게 한 세대를 앞서 혼자 살아 왔으니 그 경험을 책으로 엮어 후배들에게 전하면 어떻겠느냐고 제안했다. 나는 그 제안을 곰곰이 생각해 보았다.

대학 졸업 당시 동창 56명 중에 결혼하지 않은 사람은 단 두 사람. 대개는 졸업과 동시에 결혼을 했다. 그러나 결혼하지 않았거나 앞으로도 하지 않겠다는 여성이 점점 늘어나고 있는 요즘, 과연 혼자 사는 것이 어떠한 것인지 알고 있는지 의아해진다.

한때는 '화려한 싱글'이라는 말이 유행한 적도 있지만 나는 그 말의 허를 잘 알고 있다. 싱글은 화려하지만은 않다. 그렇다면 혼자의 삶은 궁상일까? 그 또한 꼭 그렇다고 할 수도 없다.

내 삶이 내세울 만한 성공한 삶, 잘 살아온 삶은 아니지만 혼자 살아온 이야기를 있는 그대로 들려주는 것도 도움이 될 것이라는 판단이 섰다. 그래서 이 책을 쓰기 시작했다.

책을 쓰는 과정이 나에게는 성찰의 과정이었다. 기억나는 시기부터 바로 지금 이 순간까지 내 생애를 찬찬히 훑어볼 수 있었다. 후회되고 반성되는 일도 많았지만 감사하게 되는 일이 더 많음을 깨달았다.

지금까지의 삶을 이렇게 일단락 짓고 나는 얼마가 될지 모르는 나의 생을 이어갈 것이다. 지금까지 살아온 것과 유사한 시간도 있을 것이고 전혀 다른 상황이 펼쳐질 수도 있을 것이다. 그러나 두려움보다는 기대하는 마음, 감사하는 마음으로 때로는 이 시대에 맞춰, 때로는 정반대로 살아갈 것이다.

아침마다 커피를 만들기 위해 커피콩을 갈 때면 열다섯을 세고는 했다. 하나, 둘, 셋⋯열다섯을 세면 딱 알맞은 굵기로 커피가 갈아졌다. 그런데 얼마 전 커피가 전보다 더 곱게 갈린다는 것을 알게 되었다. 그래서 열다섯까지 가지 않고 열둘에서 멈춰보았다. 그랬더니 커피콩이 만족스러운 크기로 갈아졌다.

그때 나는 깨달았다. 내가 몇 년 전보다 훨씬 느리게 열다섯을 세고 있었음을. 해가 지나면 세는 것이 열둘에서 열로, 다시 여덟으로 줄어들 수도 있을 것이다. 세상은 빠르게 돌아가는데 내 시계는 점점 느려질 것이다. 그러다 어느 날 아예 멈추겠지.

이 책을 제안하고 출판해 주신 출판사 예지의 대표와 편집장에게 감사드린다. 옛 친구를 만나고 새 친구를 사귀니 나의 삶은 좀더 풍요로워졌다. 그리고 무엇보다도 다시 기분 좋게 책을 출판하는 경험을 할 수 있었다.

　이 책이 혼자 사는 여성을 비롯하여 그 주위 사람들에게 미처 생각하지 못한 것을 생각하게 하고, 의문이 들었던 것의 실마리를 풀고, 서로를 좀더 이해하고, 서로의 삶을 존중하게 되는 계기가 되기 바란다.

2015년 4월

한정선

들어가며 : 엄마처럼 흐뭇하게 할머니처럼 푸근하게

1.
정말 나는
왜
결혼하지 않았을까?

2.

돌순이와
집순이

3.

문화가 있는 집

4.

혼자 살면
보이는
것들

1.
/
정말
나는
왜
결혼하지
않았을까?

묵은지는
맛이라도
있지

실내에 앉아 있기 아까울 정도로 화창한 어느 오후, 졸업을 앞둔 제자가 축 처진 모습을 하고 연구실을 찾아왔다. 얼굴에는 '저 고민 있어요'라고 쓰여 있었다. 그래서 캠퍼스의 야외 카페로 가자고 했다.

커피를 앞에 놓고 한동안 우리는 말이 없었다. 제자는 무슨 생각을 하느라 말이 없는 것일까? 내가 그 침묵을 깼다.

"뭔데?"

"주변 사람들이 졸업하고 뭐할 거냐고 묻는데, 제가 그걸 모르겠어요. 그러다 보니 사람 보기가 싫어져요."

"그 심정 이해하지. 암, 이해하고말고."

"선생님도 그러신 적이 있었어요?"

"답을 모르는 질문을 계속 받는 건 짜증 나는 일이지. 난 똑같은 질문을 10년도 넘게 듣고 있어."

"…?"

"'왜 결혼하지 않았느냐'는 30년째, '언제부터 머리가 희었냐'는 10년째. 묵은지는 맛이라도 있지 해묵은 질문은 맛도 없고 신물만 난다."

내 말을 듣는 순간 제자는 상수도관에서 물이 솟구쳐나오듯 웃음을 터뜨렸다. 그러더니 죄송하다고 했다. 제자가 죄송할 일이 아니었다.

왜 결혼하지 않았느냐는 질문에는 역사가 있다. 20대 중반에는 언제 결혼할 거냐는 질문을 듣다가 조금 더 나이를 먹으니 노골적으로 국수 안 주느냐고 물어왔다. 30대 초반에는 아직도 안 갔느냐는 질문을 받았다.

그런 시간이 지나고 30대 중반이 되니 정말 결혼 안 할 거냐고 물었고, 언제부터인가 질문은 미래형이 아닌 과거형으로 바뀌었다. '언제 결혼해요?'가 '왜 결혼하지 않았어요?'로 바뀐 것이다.

20대 때는 아직 결혼하지 않았다고 간단히 대답했다. 30대부터는 데리고 가는 사람이 없어 못 한다고 너스레를 떨기도 하고, 짚신도 짝이 있다는데 내 짝은 사라호 태풍 때 떠내려간 것 같다며 천기를 탓해보기도 했다.

이런저런 대답에도 성이 차지 않은 사람에게는 내 짝이 실수로 다른 사람과 결혼한 것 같은데 아마 지금쯤 잘 못 살고 있을 것이다, 그렇다고 나까지 실수를 할 수는 없지 않은가, 그래서 나는 그냥 혼자 살기로 했다는 궁색하고 긴 답을 나답지 않게 늘어놓기도 했다. 그런데 이렇게 일일이 설명하자니 에너지 소모가 너무 많아 이도 포기했다.

결혼에 관한 질문에 지쳐갈 즈음 머리 염색을 중단했다. 시간과 돈 절약 그리고 건강관리 차원에서였다. 또 내 머리가 어느 정도 흰지 궁금하기도 했다.

몇 달이 지나니 내 머리는 온통 하얗게 되어 굳이 염색할 필요가 없었다. 그래서 그냥 지내기로 했다. 염색을 하면 10년은 젊어 보일 텐데 왜 안 하느냐고 성화인 사람도 있었다. 그런데 나는 참 편했다. 어디를 가나 사람들이 쳐다보는 것과 끊이지 않는 질문에 시달려야 하는 것을 빼면 말이다.

흰머리로 다니는 것에는 장단점이 있다. 장점은 한번 본 사람들이 기억을 한다는 것이다. 그래서 언제 어디서나 언행에 조심해야 하기에 인격 수양에 도움이 되기도 한다. 그런가 하면 음악회를 한 번 가도 마치 열 번 간 것처럼 소문이 난다. 딱 한 번 갔던 고급 음식점인데도 지배인이 알아보고 인사를 하니 마치 내가 단골손님이라도 되는 듯 오해를 받기도 한다.

미국에 사는 큰언니도 염색을 하지 않아 나처럼 흰머리이다. 큰언니가 한국에 와 우리 자매가 함께 다니면 어디를 가나 주목을 받고는 했다. 음식점에 가면 들어서는 순간 모든 사람의 시선이 우리에게 집중되었다. 그리고 곧 식당 안 손님들의 화제가 흰머리로 변했다. 그렇게 한동안 흰머리에 대해 논하다가 이런 결론을 내렸다.

"얘, 저 정도면 염색 안 할 만하다."

세월에 수줍음을 지운 여자들이 큰 소리로 나눈 말은 우리 귀에도 잘 들렸다.

서양에 가면 나처럼 흰머리로 다니는 사람이 많기에 어느 누구도 내 머리에 관심을 기울이지 않는다. 그런데 우리나라에서는 나이가 들어도 병상에 누워 있을망정 머리는 염색하기에 나는 희귀종 취급을 받곤 한다. 결혼도 하지 않았고 머리도 희고 여러 가지 이유로 희귀종이다 보니 혹시 내가 죽은 다음에 박제를 해두자고 주장하는 사람이 있을까 겁이 난다.

졸업을 앞두고 고민하던 제자는 어엿한 중견 사원이 되었고 요즘은 언제 결혼할 것이냐는 질문에 시달리고 있다. 그녀가 나같이 40년 동안 동일한 질문을 받지 않게 되기를 바란다.

정말 나는
왜 결혼하지
않았을까?

어느 한가로운 날 곰곰이 생각을 해보았다. 정말 난 왜 결혼하지 않았을까?

　나도 언젠가 결혼하리라 생각했다. 어머니 세대도 나의 세대도 주위에 결혼하지 않은 사람은 별로 없었다. 그래서 결혼은 할 때 되면 하는 것이라 여기고 크게 신경 쓰지 않았다. 그런데 그게 아니었다. 결혼하려면 노력했어야 했다. 더 신경 썼어야 했다.

　20대 후반과 30대 초반에 결혼은 우선순위가 아니었다. 나는 전문직을 갖기 위해 열심히 살고 있었다. 여유시간이 생기면 잠을 자고 싶었지 사람을 만나고 싶지 않았다. 그렇게 살아오다 어느 날 돌아보니 모두 결혼하고 나 혼자 달랑 남았음을 깨달았다.

'아니, 벌써!'라고 느꼈을 때, 때는 이미 늦었다. 나이가 많아 아무도 관심을 기울여주지 않았던 것이다. 어느 시인의 시처럼 마음의 창문이 열리니 상점 문은 닫혔던 것이다.

눈이 높은 것이 문제였다고 말하는 사람이 많지만, 눈의 문제가 아니라 마음의 문제였다고 생각한다. 결혼한 친구들과 내가 달랐던 점은 마음의 자세였다.

남자가 가진 것이 없다며 부모님이 반대하는데도 나의 친구는 그 남자를 도와주어야겠다며 결혼을 했다. 나에게는 그런 희생정신이 없었다.

또 다른 친구는 데이트 하다가 헤어지는 것이 싫어서 결혼한다고 했다. 나는 만나고 헤어진 후 홀로 남겨진 나만의 시간 역시 매우 좋았다.

사귀는 남자가 너무 추워 보여서 결혼을 결심하게 되었다는 친구도 있었다. 추위를 많이 타는 나에게는 남과 나눌 만큼 온기가 남아 있지 않았다.

자신의 삶에 내 도움이 필요하다며 청사진을 펼쳐 보이

는 남자에게는 나 역시 내 인생의 청사진이 있다며 맞섰다. 거기에 당신은 출현하지 않는다는 말은 잔인한 듯해서 속으로 삼켰다.

그러면 맞선을 볼 수 있지 않았느냐고 물을 수 있다. 물론 보았다. 그러나 결혼에 이르지는 못했다. 오빠와 언니들이 모두 연애로 결혼했기에 스스로 짝을 찾지 못한 나를 친척이나 주위 사람들은 열등아로 취급했다. 간혹 들어온 중매도 어머니께서 친절히 걸러주셨기에 나한테까지 전해지는 건은 그리 많지 않았다.

그중에는 매니큐어 칠한 내 손톱을 보고 밥은 할 줄 아느냐고 했던 사람이 있었다. 그 남자를 보러 가던 날 나는 집에서 오이소박이를 담가놓고 나갔다. 아버지께서는 그 이야기를 듣고 어떤 남자인지 평생 맛있는 음식을 먹을 수 있었는데 말 한마디로 들어온 복을 찼다고 하셨다.

또 어떤 남자는 첫 만남에서 3시간 동안 군대 이야기만 했다. 나는 소개한 사람을 생각해서 고문의 3시간을 꾹 참고 보냈다.

나를 보고 키가 작다고 했던 남자도 있었다. 그 역시 키가 작아 웃었더니 2세를 위해 키 큰 여자와 결혼하고 싶다고 했다. 나 역시 2세를 위해 키 큰 남자를 찾고 있다고 답했다.

미국 유학을 준비하고 있을 때 미국에서 박사 학위를 받은 남자를 소개받은 적도 있었다. 그 사람은 미국에서 박사 학위 받기가 쉬운 일이 아니라며 공부보다는 결혼하는 것이 좋을 것이라는 충고를 잊지 않았다. 나는 고맙다고 대답하고는 유학을 갔다.

웬만하면 결혼하라는 주위의 충고에 웬만하면 결혼하려고 마음먹고 여러 번 만났던 남자도 있었다. 그런데 그 남자의 식탁 매너, 좀더 직설적으로 표현하면 음식 먹는 습관이 참 더러웠다. 소리 내는 것은 기본이고 도저히 함께 음식 먹기 힘든 지경이었다. 만일 저 사람과 결혼한다면 식사는 평생 따로 해야 할 것 같았다. 그래서 그만두었다. 바쁜 직장생활로 남편과 함께 식사할 수 있는 저녁이 그리 많지 않은 우리의 현실을 그때는 몰랐다.

미국에서 오래 생활했으니 미국 남자와 결혼할 생각은 없었느냐고 묻는 사람도 있었다. 나는 부부 간에는 서로 대화가 통하는 것이 가장 중요하다는 생각을 갖고 있었다. 그런데 나의 영어가 아무 주제나 속시원하게 통할 수 있는 그런 수준이 아니었다. 영어는 어디까지나 제2외국어였다.

미국에 있을 때 서울 살던 작은언니가 재미있는 소설을
가끔 보내주고는 했는데, 그럴 때면 밤을 꼴딱 새우기 일
쑤였다. 그렇게 한국어로 된 책을 읽고 나면 속이 참 시원
했다. 참고 참다가 화장실을 갔다 왔을 때의 시원한 그 느
낌이었다.

한국 사람끼리라면 척 알아들을 수 있는 일을 일일이 설
명해야 하는 것 또한 피곤한 일이었다. 미국에서 그런 것
을 실감하는 일이 적지 않았다.

어느 비오던 날 '이런 날은 부침개를 먹어야 하는데…'
라고 말하니 미국 친구들이 부침개가 뭐냐고 물었다. 열심
히 설명했지만 나도 친구들도 모두 성에 차지 않았다.

또 어떤 날은 설렁탕에 큼직큼직하게 썰어 담근 깍두기
를 얹어 먹으면 기분이 좋아질 것 같다고 했다가 지치고
말았다. 나만 입맛을 다셨지 친구들은 그 맛을 조금도 상
상하지 못하는 눈치였다.

그때 깨달았다. 나는 미국 사람과는 결혼할 수 없다는
것을. 이 시원한 맛을 그때그때 느끼지 못하며 참고 살다
가는 병에 걸릴 것 같았다. 그래서 그 가능성 또한 일찌감

치 접었다.

이 사람은 이래서, 저 사람은 저래서 결혼까지 가지 못했는데, 나는 아직도 내가 왜 결혼하지 않았는지 그 이유를 정확히 모른다. 그래서 생각해 보았다.

산을 오르다 갈림길을 만나면 어느 쪽을 선택할지 잠시 망설이게 된다. 대개는 특별한 이론이나 신념의 도움 없이 그냥 발 가는 곳을 택한다.

중요한 것은 갈림길과 맞닥뜨렸을 때 선택을 해야 한다는 것이다. 선택하지 않고 머뭇거리며 그 자리에 계속 서 있기만 한다면 지금 두 갈래로 갈려져 있는 길이 결국 서로 만나 한 길이 된다는 사실을 알지 못할 것이고, 정상에 오를 수도 없을 것이다. 그러기는커녕 머뭇거리기만 하다 해가 져서 결국 하산하게 될 수도 있다.

물론 택한 길이 좀더 험준할 수도 있고 풍경이 그리 좋지 않을 수도 있다. 또한 도중에 만나게 되는 사람들도 다를 것이다. 그러나 이 모두 일단 길을 선택하고 그 길을 걸어보아야만 알 수 있는 것들이다.

갈라진 길이 영영 만나지 않고 각기 다른 종착지에 이를 수 있다. 그 또한 괜찮다. 어차피 가보지 않은 길을 가는 것이 인생 아니던가? 게다가 길은 하루에도 시시각각 모습이 변하고 오늘과 내일의 모습이 다르니 오늘 내가 택하지 않은 길은 영영 가볼 수 없다. 설사 다음 기회에 그 길을 다시 택한다 해도 같은 길일 수 없기 때문이다.

뒤돌아보지 않고 앞만 보며 나에게 맞는 속도로 계속 오르는 것이 중요하다. 결혼도 마찬가지가 아닐까. 둘이 오르든, 혼자 오르든 그저 선택한 하나의 길일 뿐이다. 그 길을 한발한발 묵묵히 가는 수밖에 없다. 그 마지막에 어떤 풍경이 선물로 주어질지는 지금 이 길을 걷고 있는 나에게 달려 있을 것이다.

혼자이기에
할 수 있는
좋은 일

어느 겨울방학 때 뜨듯한 방에 배를 깔고 엎드려 고구마를 먹으며 작은언니와 이런 이야기를 나눈 적이 있다. 작은언니는 대학생, 나는 고등학생이었다.

"정선아, 넌 어떤 직업을 가진 남편을 만나고 싶어?"

"음… 딱 어떤 직업을 가진 남편이 좋다고 말하기는 힘든데, 싫은 직업은 있어."

"어떤 직업?"

"이사를 자주 해야 하는 직업."

초등학교를 세 곳이나 다닌 나는 이사가 무척 싫었다.

전학한 학교에서 새 친구를 사귀고 적응하는 것이 나에게
는 쉽지 않은 일이었기 때문이다.

"난 정치인이 싫어."

"난 의사도 싫어. 이사를 자주 해야 하는 직업은 아니지
만….."

"그런데 유난히 싫어하면 꼭 그런 사람과 결혼한대. 큰
언니 봐라. 의사 싫다고 하더니 의사랑 결혼했잖아."

"그렇구나. 그러면 어떻게 하지?"

"우리 싫다고 하지 말고, 무관심하다고 하자."

"아, 그게 좋겠다. 싫은 게 아니라 무관심한 거다."

작은언니는 무관심하다던 정치학과 졸업생과 결혼했다.
그리고 나는 무관심한 직업이 많아서인지 아무하고도 결
혼하지 않았다.

나는 특히 정치인에게 무관심했는데, 고등학교 때 나는
정치는 여의도와 청와대에서만 하는 것인 줄 알았다. 그러
나 정치는 어디에나 있었다. 학교에도 있었고 연구소에도
있었고 기업에도 있었다. 정치에 서투른 나는 그래서 무척
힘들었고 은퇴할 때까지 완전 학습에 이르지 못했다. 항상
미숙했고 자주 실수했다.

그래서 어렸을 적 정치인에 대해 무관심하다고 말했던 것을 후회했다. 그때부터 정치에 관심을 가지고 부지런히 학습했어야 보통 수준이라도 되었을 듯하다.

그런데 더 살아보니 정치에는 어리숙하고 무능하게 사는 것도 괜찮았다. 크게 성공은 못 할지라도 사는 데 큰 지장이 없으면 그걸로 된 것이 아니겠는가. 욕심이나 욕망을 내려놓으면 인생은 오히려 풍요로워지고 편해진다. 참 뒤늦은 깨달음이었다.

이렇게 욕심이나 욕망을 내려놓고 사는 사람들은 주류에서는 조금 거리가 있고 주목받지 못하지만, 나름대로 소시민의 행복을 느끼며 살아간다. 가고 싶을 때 아무 때나 여행을 갈 수 있다. 여행을 다녀온 시기를 놓고 적절했는지 따지는 사람도 없다. 여비가 부족하면 돈을 모으면 된다. 적금 들어 한달 한달 늘어가는 액수를 보며 행복을 느끼기도 한다. 돈 많은 사람은 느낄 수 없는 소시민의 행복이다.

하지만 사람들은 때로 더 많이 갖기 위해 많은 노력을 기울인다. 승진하고 부자가 되고 출세하려는 욕망은 가족을 먹여 살리기 위한 필요에서 비롯된 것이라도 대개 쉽게 충족되지 않는다. 살 집 한 채면 충분할 것 같았는데, 아파트 여러 채를 사놓고도 부족함을 느끼고 돈을 아무리 많이 모아놓아도 사회적으로 아무리 높은 지위에 있어도 불안하기만 하다.

혼자 사는 사람들은 이러한 책임감, 무게감에서 일단 자유로울 수 있다. 그래서 기혼자들이 출세 가도를 달리며 편법을 쓰기도 할 때 자기 속도대로 탈선하지 않는 삶을 선택할 여지를 갖게 된다.

할 수밖에 없는 사람과 할 수도 있고 하지 않을 수도 있는 선택권을 가진 사람 사이에는 많은 차이가 있다. 할 수 있지만 하지 않으며 욕심 내지 않고 좀더 양보하며, 그래서 좀더 마음 편하게 살아가는 사람이 많다면 좋겠다는 생각을 해본다.

연말정산 시기가 돌아올 때마다 혼자이기에 더 많은 세금을 내는 것이 억울하게 생각되기도 하지만 의무가 아닌 기여로 생각한다면 기혼자보다 더 내는 세금이 조금은 덜 아까울 듯하다.

또한 기혼자들이 가족만을 생각할 때 우리는 우리의 도움을 필요로 하는 사람들에게 시선을 돌릴 여유가 있다.

재능과 시간과 마음을 그들과 나눈다면 밝은 사회, 정의 사회 구현 같은 거창한 슬로건을 내걸지 않고도 삶을 좀더 훈훈하게 만들 수 있을 것이다.

또 새로운 인간관계를 형성할 수 있으니 혼자 살다 보면 걸릴 수 있는 우울증이나 외로움이 자연히 치유될 수도 있다.

요즘 주변을 돌아보면 제대로 돌아가고 있는 곳이 과연 있는가라는 의문이 든다. 그만큼 비정상이 정상처럼 되어가고 있다. 이러한 때 혼자 사는 사람들만이라도 치열한 경쟁에서 물러나 자신의 길을 올곧이 걸어간다면 이는 낙오자의 삶이 아니라 관조의 삶이 될 것이다.

엄마를 보면
혼자인 교수님이
부러워요

"혼자라 좋으시겠어요."

하루는 나이 어린 제자가 이런 말을 했다.

"너도 혼자 아니니? 너도 좋겠다."

"아니, 그게 아니라. 제 어머니를 보면 혼자 사시는 선생님이 부러워요."

"그래? 나는 너 같은 딸을 둔 네 어머니가 부러운데…."

제자들은 나를 자기 어머니와 비교하면서 가끔 부럽다고 했다. 힘들게 집안일을 하시는 어머니를 보면서 혼자 사는 내가 부러웠나 보다. 하지만 나 역시 집에서 집안일을 한다는 사실을 미처 알지 못했을 것이다.

이제는 주변 사람들 모두 포기해서 더 이상 이런 말을 하지 않지만 환갑 전까지 사람들은 지금이라도 결혼하라고 권하고는 했다. 그럴 때마다 내게 필요한 사람은 남편이 아니라 마누라라고 해서 남자들은 당황하고 전업 주부들은 무시당한 기분이 들어 마음 상해했다.

내가 마누라가 필요하다고 한 것은 전업주부가 하는 그 많은 일들을 해주는 사람이 필요하다는 의미였다. 인터넷이 지금과 같이 상용화되지 않고 관공서의 근무 시간이 나의 근무 시간과 동일하던 시절, 점심시간을 이용하지 않으면 여러 가지 일 처리가 불가능하던 그때에는 그런 일들을 처리해 줄 마누라가 필요했다.

이제 세상은 많이 달라졌다. 일인 가정에 대한 인식이 달라졌을 뿐만 아니라 배려도 나아졌다. 뭔가 결함이 있거나 문제가 있어 혼자 사는 것일 거라는 편견도 많이 없어졌다. 혼자 사는 사람들이 노력한 결과일 수도 있고 워낙 혼자 사는 사람들의 수가 증가하다 보니 어느 집안이나 한 명씩은 있기에 전처럼 내놓고 흉볼 수 없게 되었기 때문일 수도 있다.

관공서가 저녁시간이나 토요일에도 문을 열어서 혼자 사는 사람도 일 처리가 수월해졌다. 그런가 하면 일인 가정용 식료품이 시판되어 낭비를 줄일 수 있게 된 것 또한 반가운 일이다. 이처럼 일인 가정을 위한 여건이 많이 나아졌다.

그러나 집안일은 여전히 남아 있다. 퇴근하면 또다시 집이라는 곳으로 출근하는 기분이 들 때도 있었다. 그럴 때면 누군가 아침밥 차려주고 청소며 빨래도 다 해주고, 저녁까지 해주면 딱 좋겠다 싶었다. 물론 가사 도우미의 도움을 받으면 되지만 이는 수입이 넉넉해야 가능한 일이다.

그래서 혼자 사는 사람은 바쁠 수밖에 없다. 하지만 결혼한 사람들은 가족이 없다는 이유로 일인 가정의 여성들이 한가할 것이라 생각해 온갖 일 처리를 맡기기 일쑤다.

이런 데도 사람들이 부러워한다면 거기엔 부러워할 만한 것이 있을 것이라는 생각이 들자 혼자 살기에 좋은 것을 더듬어 보았다. 가장 먼저 떠오른 것이 자유로움이었다. 시간이나 공간을 나를 위해 쓸 수 있고 내가 선택할 수 있다는 자유로움이 있다.

하루 24시간을 나만을 위해 쓸 수 있다. 정확히 말하자

면, 하루 24시간을 내 의지대로 결정하여 쓸 수가 있다. 24
시간을 나를 위해 사용하는 시간, 남을 위해 쓰는 시간, 공
동체를 위해 할애하는 시간 등으로 나눌 때 다른 가족으로
인해 방해받거나 제지당하지 않고 결정하여 실행에 옮길
수가 있다. 이건 분명 장점이다. 매주 토요일 사회봉사를
가도 우리가 중요하냐 사회봉사가 중요하냐며 따지는 가
족이 없다는 것은 분명 커다란 자유다.

집 전체가 나만의 공간이라는 것도 좋다. 가정을 이룬
사람은 가족과 공간을 공유해야 하고 설사 자기만의 공간
이 있다 해도 식구들에 의해 언제나 방해받을 수 있다. 그
래서 때로는 방해받지 않는 혼자만의 시간을 원할 때 혼자
사는 사람이 갖고 있는 자기만의 공간이 부러워진다.

나의 공간이기에 내 마음대로 장식할 수 있고, 치우고
싶을 때 청소하면 된다. 따라서 다른 사람에게 책임 전가
를 할 필요가 없다. 집이 지저분하고 어수선하다면 그렇게
만든 사람이 바로 나이기 때문이다.

돈을 쓰고 싶은 곳에 쓸 수도 있다. 가족과 의논할 필요
가 없다. 때로는 충동구매를 하는 실수를 범하기도 하지만,
내가 저지른 일이기에 용서가 쉽다. 구세군 냄비에 맘이

내키는 만큼 넣고도 그에 대해 설명할 필요가 없어 좋다.

앞으로는 혼자 사는 삶의 물리적인 불편함이나 환경적인 제한은 점점 더 줄어들 것이다. 단지 마음의 문제만큼은 스스로 해결해야 한다.

어떻게
교수가
되셨어요?

"어떻게 교수가 되셨어요?"

가끔 학생들은 나에게 묻곤 했다.

이런 질문을 받으면 아주 가끔, 학생들의 눈이 대답을 듣고 싶어 반짝반짝 빛날 때만 나의 지난 이야기를 들려주곤 했다.

"듣고 싶니?"

대학 때 나의 꿈은 라디오 PD가 되는 것이었다. 그때만 해도 TV가 드물어 부잣집에나 있는 것이었고 그 집 마당에서 TV를 시청하는 일이 동네 잔치였다.

1968년 대학 4학년 때 나는 동아방송에서 방송 모니터 요원으로 '알바'를 했다. 그때 라디오 PD가 참 멋있어 보였다. 그해 가을 동아방송 입사원서를 내고 시험을 보려 했지만 부모님의 반대로 시험조차 치르지 못했다. 부모님은 내가 여자이기에 남자와의 경쟁이 심하지 않고 좀 덜 거친 세상에서 일하기를 원하셨다. PD를 향한 꿈은 이렇게 사라지는 듯했다.

대학을 졸업하던 해, 우리나라 최초로 시청각교육연구원(지금의 멀티미디어교육원)이 모교에 창설되었고 나는 방송 담당 기술원으로 입사했다. 비록 기성 방송국은 아니었지만 '방송'이라는 말에 솔깃해서 일하게 된 것이다. 그런데 1년을 조금 넘기고 그만두었다. 같은 대학 조직이었지만 학생으로서 경험하던 것과는 많이 달랐기 때문이다.

그래서 학교를 떠나 몇 달 백수로 지내다 선배 언니의 소개로 영화사에 취직했다. 특별한 직책 없이 커피 타기, 시나리오 교정, 출연자 섭외, 영어 통역 등 할 수 있는 일은 알아서 다 했다. 삼양라면과 럭키치약 TV 광고 시안을 작성하기도 했지만 새빨갛게 교정되어 나의 처음 아이디어와는 매우 다른 결과물이 나오기도 했다.

그래도 희망을 가지고 일했다. 당시 TV 방송 프로그램은 상당 부분 영화 필름으로 촬영했기 때문에 어찌 보면 끈을 놓지 못하고 있었던 것이다. 그런데 그 일도 오래하지 못했다. 야근이 잦은 데다 월급도 적었고 무엇보다 미래가 보이지 않았다.

다시 백수가 되어 앞날을 생각했다. 하고 싶은 일은 있는데 길이 열리지 않는다고 생각했다. 그래서 접어두었던 미국 유학을 다시 고민했다.

미국 유학에 대해서는 일찌감치 생각하고 있었기에 대학에 다니던 4년 동안 영어 공부를 열심히 했다. 대학 4학년 때는 문교부에서 실시하는 외국유학자격시험에 응시해 합격했고, 토플 시험도 봤다.

나는 남보다 머리가 좋은 것도, 재능이 뛰어난 것도 아니지만 노력은 많이 했다고 자부한다. 그렇게 열심히 영어를 공부했으니 지금쯤 우리나라에서 영어를 제일 잘하는 사람으로 인정받아 마땅하나 아직도 관사를 빼먹고 전치사도 시제도 틀릴 때가 많다.

매일 밤 나는 상상 속에서 미국의 대학 강의실에서 강의를 들었다. 그런데 이 시뮬레이션에서 매번 걸리는 문제가 영어로 필기를 빨리 못 한다는 것이었다. 그래서 영문 속기를 배우기 시작했다.

속기 학원에서 첫날 자기소개를 하는데 수강생 모두가 영어영문학과 졸업생들이어서 놀랐다. 시청각교육학과(지금의 교육공학과) 출신은 나 혼자였다. 영문과 사람도 아닌데 왜 영문 속기를 배우려는 걸까? 영어는 제대로 하나? 모두 의아한 눈초리를 내게 보내왔다. 그러나 나는 목적이 있었기에 개의치 않았다. 그렇게 반년 이상 배우면서 실력이 부쩍 늘었다. 학원 선생님이 외국 회사에 소개시켜 주려 했지만 나는 외국 회사에 취직하려고 영문 속기를 배우는 것이 아니어서 사양했다.

그러던 어느 날 같은 반 친구가 자기가 가기로 했으나 못 가게 되었다며 한국교육개발원KEDI 원장 비서직을 소개했다. 당시 미국국제개발처USAID의 차관을 받아 문교부가 추진한 교육 개혁의 일환으로 한국교육개발원이 설립되었는데, 앞으로 그곳에서 교육방송도 할 것이라고 하니 나에게 잘 맞을 것 같다는 게 친구의 설명이었다. 다시 방송이라는 말에 유혹되어 나는 면접을 보았고, 교육방송국(지금의 EBS) 개국을 준비하는 시기가 오면 그쪽으로 발령을 내준다는 약속을 받아 '임시'로 비서가 되었다.

그렇게 나는 한국교육개발원에서 일을 시작했다. 비서로서의 품위는 지금 내가 생각해도 없었다. TV에 보면 정장에 머리는 가지런히 빗어 올리고 곱게 화장한 교양 있는 모습의 비서들이 나오는데, 나는 그런 모습과는 매우 다른 자유분방한 비서였다.

그러던 어느 날 미국 연수 계획이 공고되어 응시했다. 한국교육개발원에서 교육 개혁을 위해 추진하던 프로그램 중 교육방송에 관한 것이었는데, 응시자 대부분이 석사 출신이었고 학사 출신은 나를 포함 모두 네 명뿐이었다. 그러나 학사인 내가 석사를 뛰어넘어 일등을 했고 이러한 결과에 다들 놀랐다.

이를 계기로 교육방송을 담당하는 기술지원국으로 발령이 났고, 1973년 미국 플로리다 주의 텔러해시에 있는 플로리다주립대학교에서 6개월간 연수를 받았다. 교육 분야 넷, 방송 분야 넷 모두 여덟 명이 함께 갔는데, 나는 방송 분야 소속이었다.

연수를 마치고 돌아와서는 교육방송에서 일하다가 1974년에는 일본 NHK의 TV 교육방송 연수에도 참여했다. NHK는 교육방송으로는 세계 최고라는 평가를 받고 있었고, 그러한 위상을 널리 알리기 위해 전 세계 교육방송 엔지니어와 PD를 위한 교육 프로그램을 실시하고 있었다. 내가 방송을 잘해서가 아니라 우습게도 영어로 상대 기관의 대표를 눌러야 했기에 추천되어 시험을 치른 후 3개월간 도쿄에서 연수를 받았다.

이렇게 해외에서 두 차례 연수를 받으면서 알게 된 것들이 있었다.

우선 미국 유학을 꿈꾸며 그냥 시간을 보내기보다는 그 시간에 한국에서 석사 과정을 밟는 것이 낫겠다는 판단이 들었다. 그래서 낮에는 직장생활을 해야 했기에 밤에만 공부할 수 있는 교육대학원에 1974년 입학했다. 다른 동료들은 야근하고 있는데 "학교 갑니다"라는 말을 남기며 퇴근할 때면 뒤통수가 매우 따가웠다.

그다음으로는 미국에 유학 온 사람들이 부러워 관심을 갖고 살펴보면서 그들에게 부족한 면이 있음을 알게 되었다. 그리고 나도 예외가 아님을 절실히 깨달았다. 그건 바로 글쓰기 실력이었다. 대학 시절 제대로 연구논문을 작성해 보지 않은 사람이 그것도 영어로 과제를 해내야 하니 매우 힘들었다.

마지막으로 전액 장학금을 받는 것만이 유일한 길이 아니라는 것이었다. 경제력이 없는 경우 전액 장학금을 못 받으면 유학을 포기해야 하는 줄 알고 있었다. 하지만 가지고 있는 돈으로라도 일단 미국에 오면 한국에서는 알 수 없던 다양한 길을 발견할 수 있을 듯했다.

이런 이유로 나는 영작 실력을 키우기 위해 많은 노력을 기울였다. 그리고 유학 자금을 모으기 위해 열심히 저축했다. 그러나 교육개발원에서 받는 월급으로는 요원한 일이었다. 집에서는 그러한 도움을 기대할 수 없었다. 아버지는 은퇴하셨고, 나는 집안 경제 일부를 책임져야 했기 때문이다.

하지만 포기하지 않고 여러 가지 부업을 했다. 교육대학원에서 공부하는 3일을 뺀 나머지 날에는 퇴근 시간 후에 영어 가정교사로 일했다. 또한 KBS의 12시 어린이뉴스 원고를 썼고, 토요일에는 서울예술전문대학에서 방송에 관한 강의를 하였다. 이렇게 애썼지만 돈 모으는 일이 여의치 않았다. 교육대학원에서 장학금을 받았지만 전액 장학금은 아니어서 대학원 학비도 만만치 않게 들었다.

그래서 독일계 회사의 한국 지사로 직장을 옮겼다. 사람은 변한 게 없는데 직장을 바꾸었더니 월급이 네 배가 되었다. 직장을 옮기고 1년이 지나 교육대학원을 졸업했고, 영어 가정교사는 대우가 좋아 계속하였다.

그렇게 해서 마련한 돈을 가지고 미국 유학을 떠났다. 대학 졸업하고 딱 10년이 되던 1979년의 일이었다. 하고 싶던 공부를 하러 가는 것이었기에 엄청 신이 났지만 첫 학기 등록금을 내고는 적잖이 놀랐다. 미국 사립학교 등록금은 보통 비싼 것이 아니었다. 다행히 둘째 학기부터 조교로 학부 수업과 학과일을 담당하며 장학금을 받았다. 등록금 일체와 생활비를 지급하고 의료보험까지 들어주는 조건이었는데, 매 학기 받을 수 있어서 크게 도움이 되었다. 게다가 논문을 쓸 시기에는 아무 일도 하지 않고 편하게 논문만 쓸 수 있는 대학 총장 특별장학금도 받을 수 있었다.

이렇게 해서 공부는 끝나가고 있었지만 취직이 문제였다.

먼저 모교 스승에게 편지를 보냈더니 자리가 없다는 답장이 와 한국으로 돌아가는 것을 포기하고 미국 대학교에 원서를 냈다. 다행히 졸업하기 전에 웨스턴 켄터키 대학교에 조교수로 가게 되었다. 명문은 아니었지만 나로서는 그런 것을 따질 형편이 아니었다. 졸업과 함께 돈이 떨어져 이사 비용도 없었다. 그래서 나의 교수 생활은 800달러 적 자로 시작되었다.

그곳에서 좋은 사람들을 많이 만났고, 미국 대학교가 어 떻게 운영되는지 배울 수도 있었다. 시골의 작은 학교라 경쟁도 심하지 않았다. 그러나 안이해지기 쉬운 환경이라 도전이 없었다.

그래서 좀더 큰 대학으로 옮기기로 했다. 미국에서는 의 대나 경영대가 기부금이 많아 다른 단과대학보다 여유롭 고 연구도 활발했다. 그래서 나는 멤피스에 있는 테네시대 학교로 옮겼다. 의대, 치대, 간호대가 하나로 통합된 의대 였는데, 내가 전공한 교육공학과 의학을 접목해서 연구할 수 있는 여건이 형성되어 있어 한동안 신이 나서 일했다.

그러다 문득 대학을 졸업하고 미국에 오기 전까지의 10 년이 기다리는 기간이었다고 생각했는데 사실은 준비하는 기간이었음을 깨달았다. 만일 내가 1969년에 대학을 졸업 하자마자 경제적인 여유가 있어 바로 미국에 왔더라면 나 는 교육공학 분야에서 교육방송을 세부 영역으로 전공했 을 것이고 첨단 분야는 그저 먼발치에서 구경만 해야 했을

지도 모른다.

　내가 미국에 도착했던 1979년에 개인용 컴퓨터가 소개되어 보급되기 시작했다. TV에서는 하루가 멀다 하고 컴퓨터가 우리가 상상할 수 없을 정도로 세상을 바꾸어놓을 것이라고 떠들었다. 그러나 그때까지 나는 컴퓨터를 한 번도 본 적이 없었다.

　그래서 첫 학기에 BASIC이라는 과목을 수강했다. 모든 것은 기초부터 배워야 한다는 생각으로 택한 과목이었으나, 그것은 기초를 의미하는 '베이직basic'이 아닌 컴퓨터 프로그래밍 언어인 'Beginner's All-purpose Symbolic Instruction Code'의 약자였다. 처음에는 많이 헤맸다. 컴퓨터를 보지도 못했던 사람이 컴퓨터 프로그래밍을 하자니 0과 1로만 구분되는 컴퓨터 세상의 논리가 이해되지 않았다. 그렇게 인연을 맺은 컴퓨터와 세 번째 학기부터 친해지기 시작했고, 컴퓨터 논리도 이해할 수 있게 되었다.

　서너 학기가 지난 후 세부 전공을 정해야 할 때는 큰 고민에 빠졌다. 미국에 올 때는 교육방송을 전공하려고 했지만 컴퓨터에 매료되고 말았기 때문이다. 그러나 방송의 매력을 잘 알기에 방송을 포기하기도 힘들었다. 몇 달을 고

심하다가 나는 컴퓨터 학습으로 세부 영역을 바꾸었다. 당시 한국에서는 교육공학 분야에서 컴퓨터가 논의되지도 않을 때였다.

미국에서도 교육공학에서 컴퓨터 학습을 전공한 1세대였기에 졸업 후 취직이 비교적 쉬웠다. 그리고 재직하던 대학에서는 새로운 것이 소개될 때마다 나에게 배워 도입하기를 요구하다 보니 나는 첨단을 달리고 있었다.

그렇게 몇 년을 보내고 나니 방송국, 대학이 아닌 다른 기업에서도 일해보고 싶었다. 너무 신나게 달려 좀 지치는 듯했고, 남부 도시 멤피스에 싫증이 나기도 했던 참이었다.

당시 미국에서는 '싱크탱크Think Tank'라는 말이 막 유행하고 있었다. 미국의 수도 워싱턴 디시 근처에는 많은 싱크탱크 연구소들이 있었는데, 그런 곳에서 일해보는 것도 좋은 경험이 될 것 같았다. 그래서 또 이력서를 썼다. 그리고 워싱턴 디시 근처의 맥클린에 있는 연구소에 취직했다. 미국 정부나 세계의 여러 기관을 위해 연구하고, 다양한 연수 프로그램을 제작·실시하는 곳이었다.

미국에 정착할 생각으로 새집도 사서 잘 살고 있던 어느 날 후배가 솔깃한 소식을 전해왔다. 모교에서 멀티미디어 전공 교수를 찾고 있는데, 새로 부임한 총장이 공채 방식으로 선발할 거라고 했다. '공채'라는 말에 용기를 얻었다. 아무 연줄이 없는 나도 한번 도전해 볼 만하다고 생각했다. 하지만 막상 귀국을 하자니 많이 망설여졌다. 결국 부모님이 아직 살아계실 때 실컷 뵙자는 생각으로 미국 생활을 접고 귀국하기로 결정을 내렸다.

그렇게 해서 1994년 나는 15년 만에 서울로 돌아왔다. 그러나 지금도 가끔 1994년으로 다시 돌아가고픈 생각이 들고는 한다.

여기까지 이야기하고 한숨을 돌리는데 이야기를 듣던 학생들도 숨을 몰아쉰다. 나와 함께 숨 가쁘게 달려온 듯하다.

"선생님이 참 여유 있는 가정에서 태어나 편하게 공부하신 줄 알았어요. 저희도 왠지 희망이 생기네요."

실제로 제자 중에는 형편이 어려운 이들이 많았다. 집에 컴퓨터가 없어 논문 쓸 때 학교 멀티미디어실에서 밤을 새우는 광경을 심심찮게 목격하기도 했다. 그렇게 어렵게 공부한 학생들이 유학을 가서 박사 학위를 취득하고 미국 대학의 교수가 되기도 하고, 또 일부는 귀국하여 당당하게 직장생활을 하고 있다. 그들을 볼 때 참 뿌듯하다.

돌이켜 보면 이 모든 일이 내가 한 것이 아니라 절대자의 힘에 이끌려 한 것 같다. 그래서 나는 내가 살아온 것을 드러내 이야기하지 않는 편이다. 그러나 취직이 힘든 요즘, 나의 이야기가 조금이라도 희망을 줄 수 있다면 끄집어내 볼 만하다는 생각에 용기를 내보았다.

나는 나이 든 것이 좋다

한창 일할 나이에 서울을 떠나 낯선 미국으로 갔던 1979년 사람에 둘러싸여 있다가 아는 사람 하나 없는 곳으로 와 유학 생활을 시작했을 때, 이 세상에 혼자 달랑 남겨진 기분이었다.

한번은 백화점이 여러 개 있는 번화한 도심 중심가에서 버스를 기다리고 있었는데, 20분이 지나도록 나를 보고 아는 척하는 사람이 단 한 사람도 없었다. 학과 친구들은 대개 직접 차를 몰고 다녔지 나처럼 대중교통을 이용하지 않았다. 미국에서 대중교통을 이용하는 사람들은 서민뿐이다. 서울에서 이렇게 20분간 버스를 기다렸다면 여러 사람과 인사를 나누었을 것이다.

참으로 별다른 경험이었다. 처음에는 매우 어색했다. 서울 생활이 자주 생각났다. 그러나 시간이 좀 지나자 나를 아는 사람이 없으니 자유로울 수 있다, 이 자유로움을 만끽하자는 방향으로 마음이 바뀌었다.

장을 보러 갈 때도 신경 쓰지 않고 외출할 수 있는 것이 좋았다. 숨기고 싶은 과거가 있는 것도 아니고, 남에게 노출될까 두려운 생활을 하는 것도 아닌데도 그냥 자유롭고 좋았다. 체면을 차리고 주위의 눈치를 보던 내게 아이스크림을 먹으며 캠퍼스를 누비고, 잔디밭에 누워 낮잠을 자는 것도 새로운 경험이었다.

눈이 엄청 많이 온 어느 겨울날엔 세상에 태어나서 처음으로 크로스컨트리 스키를 빌려 타고 학교에 갔다. 길이 미끄러워 도저히 걸어서 갈 수 없다고 판단하고 그렇게 한 것이었는데, 걸어 가는 게 더 수월할 뻔했다.

처음 스키를 타는 내 모습이 어설프고 우스웠다. 웃느라 스키를 타는 데 힘이 배로 들었다. 학교와 집이 멀지 않은 것이 정말 다행이었다. 그래도 학교에 도착하자마자 점심을 먹어야 했고, 수업시간에는 밀려오는 잠을 쫓느라 애를 먹었다. 참 '별짓'을 다해보았다.

혼자 사는 것을 자유롭다며 즐기는 사람들이 있다. 이들은 없는 것보다는 가지고 있는 것, 주어진 것에 더 관심을 두고 현실을 직시하며 현재를 살아간다. 그래서 주어진 삶을 즐겁게 긍정적으로 대한다. 그리고 자신을 위해줄 사람은 남이 아닌 자기 자신이라는 것을 깨닫고 자기 사랑부터 시작한다.

반면, 혼자 사는 것은 잠시 스쳐가는 생활이고 결혼해서 잘 살 날을 막연히 기다리는 사람들도 있다. 이들은 현재 살고 있는 것을 임시 생활처럼 여긴다. 그래서 현재의 삶에는 별다른 흥미나 관심이 없다. 조만간 이 생활을 벗어나 결혼할 그날, 행복해질 그날만 기다린다. 그렇게 기다리던 결혼을 하게 된다면 다행이지만 만일 그런 날이 오지 않는다면 항상 임시로 살다가 피난지에서 생을 마치는 꼴이 되고 말 것이다.

하지만 그 사람들이 결혼했다고 정말 행복해질 수 있을까? 만족이나 행복은 사람 수에 좌우되지 않는다. 혼자 행복한 사람은 둘이서도 행복할 수 있다. 왜냐하면 만족이나 행복을 알기 때문이다. 반면, 혼자라서 행복하지 못하다고 생각하는 사람은 만족이나 행복을 모르기에 결혼해서 둘이 되어도 행복하지 못할 확률이 높다.

무엇보다 결혼하면 바로 행복해지리라는 기대가 크기에 실망도 크다. 결혼이 주는 행복은 책임과 순종이라는 관문을 통과해야 얻을 수 있는 것이다.

그러니 혼자 사는 모든 여성들이여, 좀더 밝게, 명랑하게, 활기차게, 사는 것같이 살자. 이왕 한평생 사는 것, 세상 고민을 전부 혼자 진 것처럼 수심 가득한 얼굴에 축 늘어진 어깨, 마냥 쓸쓸해 보이는 뒷모습으로 남까지 우울하게 만들며 살아갈 이유는 없지 않은가?

나도 20대 후반에는 살기가 참 힘들다고 생각했다. 하고 싶은 일은 분명 있는데 여건이 뒷받침되지 못했다. 다른 사람들은 모두 인생을 쉽게 사는데 나만 힘들게 사는 것 같았다. 세상은 참 불공평했고, 어려움에서 벗어날 길이 도저히 보이지 않았다. 그래서 불평을 하고 또 했다.

그러던 어느 날 그렇게 불평하는 내 자신이 싫어지기 시작했다. 내가 내 자신이 싫은데 주위의 친구들이나 동료들이 나를 좋아하기 힘들 것 같았다. 그래서 생각한 것이 잠시 주변 사람들로부터 멀어지자는 것이었다. 요샛말로 잠수를 탔다.

그동안 아무것도 보지 않고 주어진 일에 몰두했다. 그렇게 몇 년을 열심히 살다 보니 서서히 길이 열렸다. 그리고 사람들이 그리워졌다. 그래서 다시 사람들을 만나기 시작했다. 친구들은 내가 변했다고 했다. 나의 변화를 알아봐 주는 친구들이 고마웠다.

지금 돌이켜 보면 그 시기가 내 인생에서 가장 힘든 시기였다고 생각된다. 그 시기를 견뎌내어 오늘이 있게 된 것이 감사할 뿐이다.

유사시에는
이모에게
맡기세요

우리나라에서 이모는 국민 모두에게 친근감 있는 존재인
듯하다. TV에서 방영되는 한 육아 예능 프로그램에서 네
살배기 '삼둥이'까지 밥집에서 이모를 부르는 것을 보며
느낀 것이다. 실제 주변 사람들을 봐도 고모보다는 이모가
조카들과 더 친하게 지내는 경우가 많다.

　나도 크게 다르지 않다. 언니의 아이들과 친한 편인데
그중에는 대학에서 수강신청을 할 때마다 의논하는 조카
가 있었다. 아마도 이모가 대학교수니 진로 지도를 잘해줄
수 있다고 생각했던 듯하다. 이를 계기로 조카가 어떻게

대학생활을 하고 있는지 알 수 있었고 필요한 조언을 해줄 수 있었다.

미국 유학 시절에 어느 날 큰언니가 전화로 유사시에 아이들을 맡아줄 수 있느냐고 물어왔다. 미국에 이민 가서 살고 있던 큰언니는 불의의 사고로 부모 잃은 아이들을 보면서 미국 내 친척도 없는 조카들이 유사시에 어찌될지 염려하지 않을 수가 없었을 것이다. 당시 조카들은 초등학교에 다니고 있었다. 실제로 미국에서는 아이들과 의논하여 유사시에 맡아줄 사람을 미리 정하고 변호사에게 공증을 받아두는 가정도 적지 않다.

그래서 큰언니는 조카들을 앉혀놓고 물어봤고, 오랜 친분이 있는 미국 가정이 1순위, 오래된 친구가 2순위 그리고 미국에 갓 온 이모가 3순위로 정해진 것이다. 조카들이 미성년자인 동안 무슨 일이 생기면 1순위로 선정된 집으로 보내질 것이고 그 집이 여의치 않으면 2순위로, 그도 여의치 않으면 내가 맡아주어야 한다는 큰언니의 말에 나는 선선히 동의했지만 그런 일이 일어나지 않기를 바랐다. 다만 그런 준비를 하며 사는 큰언니가 놀라울 따름이었다.

이 이야기를 전해 들은 작은형부도 나에게 조카들을 부

탁했다. 큰언니와 달리 서류 없이 구두로만 이루어진 일이 었지만, 졸지에 무슨 일이 생기면 나는 아이 넷을 돌보게 되었던 것이다. 다행히 아무 일도 없었고 조카들은 모두 무사히 성장하여 이제 자식을 둔 부모가 되었다.

그러나 유사시가 아닌 평상시에도 이모는 조카에게 좋은 역할을 할 수가 있다. 물론 부모가 원하는 경우에 한해서이다. 부모가 자기 자식의 일에 관여하는 것을 원치 않는다면 의견이 있더라도 이모는 먼발치에서 구경만 해야 한다.

그렇지 않은 경우, 크고 작은 일에 대한 상담에서부터 관계의 중재까지 이모는 부모와 자식 사이에서 매우 중요한 역할을 할 수 있다. 아무리 대화가 풍성한 부모 자식 간이더라도 때로는 이모와 더 편하게 더 많은 이야기를 나눌 수 있다. 이모가 조카에게 기대하는 것은 부모가 자식에게 기대하는 것과는 다르다. 자식에게 거는 욕심을 내려놓고 대할 수가 있는 이모는 부모든 자식이든 있는 그대로 받아들이기가 쉽다.

상담자가 되어 고민을 귀담아 듣고 그에 대한 조언을 해줄 수 있고, 안내자가 되어 앞일을 의논하거나 그에 도움이 될 만한 경험과 정보를 줄 수도 있다. 무엇보다 이모는 조카에게 쉽게 틀어지지 않는 친구가 되어줄 수 있다. 그래서 부모에게 야단 맞으면 숨었던 할머니의 푸근한 치마폭이 되어줄 수 있다.

나의 경우, 조카들이 대학에 입학했을 때 어느 대학인지는 전혀 중요하지 않았다. 그저 대학에 입학한 것 자체가 기뻤다. 학교 성적보다 인간관계가 좋고 마음이 따뜻하고 세상 살아가는 지혜가 있는 것이 더 가치 있게 느껴졌다. 영어를 좀 못하는 조카는 요리를 잘하니 결혼하면 시부모와 남편에게 귀여움을 받을 것 같아 기특했다.

그러나 이모가 이런 역할을 잘하기 위해서는 부모가 이모를 어떻게 대하는지가 매우 중요하다. 결혼하지 않았다는 이유로 이모를 집안의 천덕꾸러기처럼 대한다면 그 집에서는 이모의 발언이 힘을 발휘하지 못할 것이다. 하지만 평소 이모를 인간으로서 존중한다면 조카 역시 이모를 존중할 것이고 그 집에서는 소중한 '가족관계 버퍼'를 얻게 될 것이다.

부모 자식 간이라도 대화를 하지 않는 사람들이 의외로 많음을 요즘 실감한다. 성장기의 자녀와는 일에 치여 대화를 나누지 않으니 성인이 된 자녀가 어색하게만 느껴진다. 어디서부터 어떻게 대화를 시작해야 할지 몰라 어머니는 잔소리만 늘어놓고 아버지는 집에만 들어오면 벙어리가 된다. 그러니 자식보다 기르는 애완동물과 더 많은 대화를 나눈다는 이야기가 나오나 보다.

이런 가정을 위해서 마음 편하게 이야기할 수 있게 해주는 이모 대행 서비스라는 신종 직업이 생길 수도 있겠다는 상상을 해본다.

결혼하기 전에는 몰랐겠지

"어떻게 그렇게 생각이 없는지 모르겠어요. 사용했으면 제자리에 갖다 놔야 하잖아요?"

"왜 양말은 벗어서 소파 옆에 숨겨두는지…."

"아무리 말해도 치약은 꼭 중간을 짜서 써요."

"변기를 사용했으면 커버를 원래대로 내려놓아야지요. 제가 기겁해 소리를 질러도 못 들은 척해요. 그게 더 미워요."

"왜 성을 내는지 모르겠어요. 내가 잘못한 것도 없는데. 아직도 사춘기 청소년 같아요."

정말 나는 왜 결혼하지 않았을까?

63

"별걸 다 시어머니에게 일러요, 치사하게."

"집안일을 전혀 도와주지 않아요. 피곤하대요. 저도 밖에서 하루 종일 일하고 들어오는데 왜 저만 집안일을 해야 하는 건지…."

이런 불평을 하는 신혼 부부의 이야기를 나는 웃으면서 들어준다. 나는 그들이 그저 귀엽다. 연애로 결혼했건 중매로 결혼했건 결혼 후 서로를 알아가는 과정에서 느끼게 되는 실망과 놀라움은 한이 없다.

어느 정도 동감도 해주고 함께 흉보다 이렇게 물어본다.

"만일 뇌를 지퍼로 열 수 있다면 그 사람의 머리를 열어 보고 싶지 않니? 그러면 두뇌가 어떻게 생겼기에, 어떻게 잘못 연결되었기에 그런 생각과 행동을 하는지 알 수 있지 않겠어?"

이 말에 깔깔 웃으며 정말 그렇게 해보고 싶다며 모두 동의한다. 이렇게 나는 그들의 불만을 누그러뜨린 다음 그들의 말을 되짚어 준다.

"제자리에 갖다 놓으려다 잊어버렸나 보지."

"벗은 양말을 소파 옆에 두었겠지, 뭘 숨겨뒀겠니?"

"중간을 꾹 짜서 쓰지 못하게 치약에 끼우는 것 있지? 그걸 무어라 하더라…하여간 그런 것 하나 사다 끼워."

"나도 언니 집에 갔다가 몇 번 경험했는데 정말 기절하 겠더라. 말해도 안 되면 어쩌겠니? 네가 더 주의해야지. 다 음부터는 앉기 전에 먼저 확인하려무나."

"남자들 어린애 같아. 그걸 인제 알았니?"

"밖에서 화나는 일이 있었는데, 화풀이할 데가 없었던 모양이지. 받아줘라. 너한테도 화를 못 내면 누구한테 화내 겠니?"

"이제부터는 네가 먼저 시어머니에게 말하면 어떨까?"

"집안일 도와주는 남자, 흔치 않다. 그래도 아이가 생기 면 도와줄걸."

조카들이나 제자들은 수위 조절을 잘해가며 불만을 토 로해 온다. 혼자 사는 이모 또는 선생님의 삶이 너무 무료 하지 않을 정도로 양념같이 살짝살짝 들려주는 신혼생활 의 티격태격하는 이야기는 내 귀에도 재미있게 들린다.

그러나 습관적으로 불평을 늘어놓는 사람의 이야기는 들어주지 않는다. 나는 정신과 의사가 아니어서 그런 이야 기를 들어줄 수 있는 여유가 없기에 그런 경우 초기에 차 단하는 편이다. 정서적으로 불안해 누군가에게 항상 이야기를 해야 하는 사람들은 대화 상대보다는 제대로 도움을 줄 수 있는 전문가를 찾아야 한다.

그러나 나는 가급적 이야기를 잘 들어주는 사람이 되고자 한다. 잘 들어주는 것만으로도 말하는 사람의 숨통이 트이게 해줄 수 있고, 좋은 상담자, 든든한 후견인, 믿음직한 버퍼가 되어줄 수 있기 때문이다.

특히 결혼생활에서 겪는 문제에 대해서는 결혼하지 않은 만큼 완벽한 제삼자이므로 어느 한쪽에 치우치지 않고 한 발 물러서서 들어줄 수가 있다. 이런 문제에 감정 섞인 대응책을 내놓게 되면 상처를 남기기 쉽고 그 상처는 쉽게 아물지도 않는다.

좋은 상담자나 버퍼가 되어주려면 때로는 이쪽저쪽에서 모두 싫은 소리를 들을 수도 있고, 충격을 받을 수도 있으니 각오가 필요하다. 또 어느 누구에게도 들은 이야기를 발설하지 않는 기본 도리가 제일 중요하며, 자신이 한 일을 공치사 하거나 옛일을 꺼내드는 일도 없어야 한다.

참 아쉬운 일은 그 누구의 개입도 허용하지 않고 혼자 생각하고 결정한 후 결과를 통고하는 것이다. 이런 경우 때는 이미 늦어 어떻게 도와줄 수가 없다. 그나마 그들이 상담한

다른 사람이란 대개 살아온 날들이 유사한 친구들이다. 더 살아본 사람은 다른 시각에서 문제를 바라볼 수 있어서 도움을 줄 수 있는데 그 의견을 듣지 못하는 것이다.

그래서 고민이나 문제가 있을 때 또래끼리만 의논하지 말고 좀더 경험이 있는 사람과 의논해 보라고 학생들에게 충고하고는 했다. 살아온 날들이 비슷한 사람들 사이에서 나오는 해결책이란 다 비슷해서 별다른 것이 나오기 힘들 수 있기 때문이다.

외로움은
책으로
잊어요

미국 연구소에서 근무할 때 여러 언어에 능통한 여성 동료
가 있었다. 루마니아에서 온 그 친구는 영어, 독일어, 불어
는 물론 일본어도 잘했다. 공산권에서 외국 여행이 자유롭
지 않을 때였는데, 여러 외국어를 잘 구사하면 그 나라를
벗어날 수 있는 가능성이 컸기에 많은 사람이 하지 않는
일본어까지 공부했던 것이다.

그렇게 자기 나라를 떠날 수 있는 기회를 호시탐탐 노리
고 있던 중 주위 사람들이 하나둘 소리 없이 사라지기 시
작하자 위기를 느꼈다. 안개가 자욱한 어느 날 새벽, 돌아

가신 아버지가 그린 그림 몇 점을 둘둘 말아주며 어머니는 빨리 떠나라고 그 친구의 등을 떠밀었다.

그렇게 루마니아를 탈출해 유럽을 거쳐 미국에 정착하기까지의 이야기를 듣다 보니 007 영화를 보는 듯했고 가슴이 저려왔다. 그리고 내가 참 편안한 삶을 살아왔다는 생각이 들었다. 내가 겪은 한국전쟁과 피난살이는 비교가 되지 않았다.

하루는 좀더 이야기를 듣고 싶어 그 친구를 집으로 초대했다. 이런저런 이야기를 나누다가 내가 유럽 여행 때 찍은 사진들을 함께 보게 되었다. 그런데 그 친구는 사진만 보고도 그곳이 어디인지 모두 아는 것이었다.

"유럽에 여행 갔었니?"

"아니."

"그런데 어떻게 그렇게 다 알아?"

"책이 있잖아."

그 친구는 책을 통해 세계 일주를 한 것이다. 그래서인지 흔히 외국 사람들이 한국 사람이라고 할 때 묻는 '북쪽? 남쪽?' 같은 초보적인 질문을 하지 않았다.

내 책장의 책들을 보면서 그중 자기가 읽은 책들을 하나

하나 가리켰다. 그녀 역시 참으로 많은 책을 읽었다. 그래서 물었다.

"루마니아 사람들은 책을 많이 읽어?"

"특별히 그렇게 많이 읽지는 않아."

그러고는 한국 사람은 어떠냐고 묻는데 나는 솔직한 답을 할 수 없었다.

그녀의 이야기는 계속되었다. 공산 치하 자유라는 것이 없는 곳에서 미치지 않고 정상적인 사유를 하며 살아남을 수 있는 길은 책을 읽는 것뿐이었다. 책에 몰입하다 보면 추위도 배고픔도 모두 잊을 수 있고 자신이 지금 공산권에 있는지 자유 진영에 있는지도 잊을 수 있었다. 친구라 해도 같은 사상을 가지고 있다는 것이 확인되기 전까지는 함부로 말할 수 없는 사회에서 자유롭게 할 수 있는 것은 생각뿐이었다.

다행인 것은 볼 수 있는 책이 모두 공산주의에 관한 것은 아니었다는 점이다. 정치의 영향을 덜 받는 건축, 미술, 사진, 음악 등에 관련된 책들을 수없이 보면서 파리의 루브르 박물관 같은 곳에 있다는 몽상을 해보기도 했다.

이렇게 자기 이야기를 들려준 그 친구는 잊을 수 없는

말을 했다.

"고독을, 외로움을 잊으려고 내가 터득한 유일한 방법이 독서야."

그 후 나는 한국으로 돌아왔다. 내가 떠날 때 그 친구는 이삿짐 싸는 것을 도와주었다. 나는 고마움의 표시로 한국 가구 하나를 그 친구에게 주었다. 물리적으로는 떨어져 있지만 그 친구는 한동안 내 마음에 크게 자리 잡고 있었다.

하지만 몸이 멀어지면 마음도 멀어진다고 했던가. 그 친구에 대한 기억은 차차 희미해져만 갔다. 뜻밖에도 그 희미해져가는 기억을 일깨워준 것은 부모님이었다.

부모님 방은 항상 조용했다. 가끔 무슨 일이라도 생긴 것은 아닌가 염려되어 방문을 열어보면 두 분은 책을 읽고 계셨다. 안경에 돋보기까지 들고 각자 책을 읽다가 눈이 아프면 책을 내려놓고 눈을 감으셨다. 잠시 그렇게 읽은 것을 생각하시는 듯했다.

아버지가 세상을 떠나시고 2년이 되지 않아 어머니가 돌아가셨다. 미국에 갔을 때 장례식 이야기를 나누다가 나는 조카들에게 기억나는 외할머니의 모습을 물었다. 작은 조카는 벽난로 앞 흔들의자에 무릎 담요를 덮고 앉아서 책을 읽으시던 모습이 참 평화로워 보였다고 했다.

이런 부모님의 모습에 나는 루마니아 친구가, 외로움을 잊을 수 있는 유일한 방법이 독서라고 한 친구의 말이 떠올랐다. 노년에 친구들도 하나둘 떠나고, 거동이 불편해 외출은 할 수 없게 될 때 독서는 외로움을 달래줄 수 있는 탈출구가 되어준다. 책을 통해 전 세계를 누빌 수도 있고 재미있고 멋진 수많은 사람들을 일대일로 만날 수도 있다.

그런데 나는 이제 책이 많은 사람들에게 더 이상 반가운 선물이 아니라는 것을 깨달았다. 특히 다른 나라에 비해 책을 읽지 않는 우리나라 사람들에게 책은 골치 아픈 선물이 되었다. 책을 들면 머리가 아프고 잠이 온다고 이야기하는 사람도 많다. 분명 책 읽는 기쁨을 모르는 사람들이다.

이런 사람들이 어느 날 외롭다고 책을 펼쳐 들면 자동적으로 책 읽는 재미에 빠질 수 있는 게 아니다. 책 읽는 것도 습관이다. 그러니 한 살이라도 젊을 때 조금씩 익숙해져야 필요할 때 써 먹을 수 있다.

동창들을 만나고 돌아오는 길에 앞으로 얼마나 더 동창들과 만날 수 있는지 생각해 보았다. 등산 모임으로 뭉쳐 청계산, 북한산을 오르던 친구들이 이제는 양재천을 걷는다. 그것도 살살. 그래서 모임의 이름도 '살살 걷는 모임'이 되었다. 나도 머지않아 부모님처럼 집에서 책을 읽으며 외로움을 달래게 될 것이다.

　문득 그 루마니아 친구는 요즘 어떻게 지내는지 궁금해졌다. 마지막 들은 소식은 영주권을 얻으려고 변호사에게 의뢰했는데, 어찌 될지 모른다는 것이었다. 미국에 남을 수 없어 루마니아로 돌아갔다면 그 친구는 아마 더 많은 책을 읽으며 지낼지도 모르겠다. 아니지, 이제는 자유로워졌으니까 자유를 만끽하며 지내고 있을까?

2.
돌
순
이
와
집순
이

당당히
나 홀로
즐기기

나의 홀로서기는 1970년대 초반 내 나이 20대 중반에 미국에서 6개월간 연수를 받을 때부터 시작되었다.

당시에 가장 어려웠던 것이 혼자 밥을 먹는 것이었다. 혼자 밥 먹기를 유난히 싫어해서 늦게 집에 돌아와 밥을 먹을 때에도 잠에 취해 있는 어머니를 식탁에 앉아 계시게 하던 나였다.

그런 내가 혼자 앉아 저녁을 먹어야 했다. 때맞추어 소나기라도 한차례 지나가면 그렇게 서글플 수가 없었다. 그러나 그런 응석도 잠시뿐, 공부에 바쁘고 배가 고프다 보니 눈물 없이 밥이 잘 넘어갔다.

연수를 다녀와 회사에 복귀해서는 전시회에 혼자 가기 시작했다. 요즘과 달리 당시에는 토요일에도 근무해야 했으니 전시회나 음악회에 갈 시간을 내기가 무척 힘들었다. 게다가 저녁시간에 대학원을 다니던 나에게 음악회보다는 전시회가 그나마 가기가 수월했다. 정해진 시간에 정해진 장소에 있어야 하는 음악회와 달리 전시회는 전시 기간 중 아무 때나 갈 수 있기 때문이었다. 그래서 점심시간을 이용하여 번개같이 전시회를 다녀오다 보니 다른 사람과 함께 가는 것은 힘들어 자연히 혼자 다니게 되었다.

주변에는 혼자 아무것도 하지 못하는 사람들이 있다. 그런 사람이 결혼했다면 별 염려가 없지만 아직 미혼이라면 슬슬 홀로서기를 연습해야 할 것이다.

혼자 집에 있기로 그 첫걸음을 떼어보는 것이 좋다. 장시간 혼자 집에 있는 것에도 일련의 연습이 필요하다. 처음에는 할 일을 마련해 놓고 시작하는 것이 좋다. 그렇다고 TV를 켜지는 말자. 가능한 한 모든 소음을 차단하고 있어보자. 청소를 해도 좋고 책을 읽어도 좋다. 그러다가 적응이 되면 한가함을 즐길 수 있게 된다.

혼자 집에 있는 것이 편해지면 혼자 외출을 시도해 보자. 전시회나 서점처럼 비교적 혼자 다니기 어색하지 않은 곳을 들러보자.

슬슬 혼자라는 의식이 없어지면 맛있는 찻집에 들러 차 한잔 마시는 것도 좋다. 찻집에 처음 혼자 가면 어색해서 구석자리부터 찾기 마련이다. 그러나 곧 아무도 나에게 신경 쓰지 않음을 깨닫게 되면 그때부터는 빈자리라면 어디든지 스스럼없이 앉을 수 있게 된다.

영화관에 가거나 산책을 가거나 연극을 보는 것도 해보자. 길가 포장마차에 들러 음식을 먹어보고 혼자 먹는 것이 별것 아니라는 생각이 들 때면 좀더 근사한 음식점에 혼자 가겠다는 자신감까지 생긴다.

음식 하기 싫던 어느 날 찍어놓았던 근사한 음식점에 혼자 가기를 시도해 본 적이 있었다. 이왕 가는 것 예약도 하고 잘 차려 입고 가야지, 혼자 여유 있게 식사하면서 다른 사람들을 관찰도 하면서 식사를 즐기리라 마음먹었다.

그러나 현실은 생각과 달랐다. 예약부터 내가 생각한 각본과 다르게 전개되었다. 예약 담당자는 예약이 뭔가 잘못된 것이라도 되는 듯 여러 번 반문했다. 음식점에 도착하니 담당 직원은 두세 번 쳐다본 후에야 예약석으로 안내했다. 홀의 종업원들은 마치 삶을 스스로 마감하기 전 마지막 만찬을 하러 온 사람이라도 대하듯 지나치게 조심스러워했다.

이런 반응에 애초 당당하겠다던 각오는 사라지고 말았다. 나는 혼자 온 것이 죄인 듯 고개를 숙이고 급히 식사를 마친 뒤 다음에는 좀더 당당해지자고 다짐하며 나왔다.

요즘에는 음식점에 일인 전용석이 따로 있어 혼자 음식점 가는 것이 비교적 수월해졌다. 독서실처럼 칸막이를 하여 혼자 온 손님을 배려한 음식점도 있을 정도다. 하지만 그런 곳에서는 음식을 먹기보다는 왠지 사료를 배급받는 느낌이 든다.

혼자 식당에서 음식 먹기가 수월해지면 여행사의 단체 여행에 혼자 도전해 보자. 홀로 여행을 가면 여행지가 안겨주는 새로운 체험을 통해 나 자신의 또 다른 면을 접하게 될 뿐만 아니라 새로운 사람들을 만나 대화하며 다른 세상을 체험할 수 있다.

미국에 살던 때 스위스 베른대학교에서 2주일간 워크숍을 해주기 위해 베른을 방문한 적이 있었다. 오후 4시경 워크숍이 끝나고 나면 저녁에는 베른 시내 관광을 하였고 주말에는 혼자 여행을 했다.

그날은 기차를 타고 여행지에 도착해 관광 중이었다. 가이드의 설명을 듣고 있는데 한 여성이 다가와 함께 들어도 되겠느냐고 해 가이드가 허락한다면 나는 괜찮다고 답했다. 그래서 그날 오전 나는 미국에서 왔다는 그녀와 함께 다녔다.

그녀는 내가 어느 나라 사람인지 궁금해했다. 그래서 맞추어보라고 하니, 그녀의 추리 과정이 흥미로웠다. 일본 여자같이 생겼지만 일본 사람은 아닐 것 같다고 했다. 일본 사람은 여행할 때 단체로 다니지 혼자서는 다니지 않는다는 것이 그 이유였다. 그래서 중국 사람인가 했는데 외국 여행에서 중국 사람을 자주 보지 않았고 중국 사람같이 생기지 않아 그 가능성도 배제했다고 한다. 1990년대 초반이니 그럴 만도 했다. 그러면서 홍콩에서 왔느냐고 물었다.

내가 한국인이라고 하니 한국 여성도 독립심이 강한가 보다는 답이 돌아왔다. 그녀의 대답에 독립심 강한 한국 여성상을 미국 여성에게 심어주었다는 자부심이 들어 어깨가 으쓱했다.

여행을 해보면 동서양 사람들의 차이가 보인다. 서양에서는 단체로 하는 여행에 혼자 온 사람이 있는 경우 불편하지 않게 대해준다. 말도 걸어주고, 무거운 여행가방도 들어주고, 식사 때 같은 식탁에 앉아 식사를 하자고 권하기도 한다.

그러나 우리나라에서 단체여행을 해보면 함께 온 사람들끼리 똘똘 뭉쳐 다른 사람들과 이야기하며 새로운 경험을 할 수 있는 기회를 스스로 차단하는 경향이 있다. 넉살이 좋아 먼저 다가가기 전에는 좀처럼 집단의 빗장은 열리지 않는다.

혼자 밥 먹기를 싫어하던 내가 혼자 잘 먹고 잘 살고 있는 것을 보면 이제 나는 고수가 다 된 모양이다.

싱글도
자격시험을
보자

초등학교 6년을 마치고 중학교에 입학하기 위해 나는 3일 동안 전 과목 필기시험에 음악·미술 실기시험을 치르고 면접에 신체검사까지 받아야 했다.

그렇게 시험을 끝내고 며칠을 애타게 기다리고 나면 학교 건물 벽에 붓글씨로 합격자의 수험번호와 이름이 쓰인 방이 붙었다. 초등학교를 막 졸업한 어린이에게 이런 입학시험은 어떤 면에서는 매우 가혹했다.

그리고 3년 후에는 다시 고등학교입학시험을, 또 3년 후에는 대학입학시험을 치러야 했다. 이러한 시험이 얼마나 스트레스를 주었던지 예순이 될 때까지 가끔 시험 치는 꿈을 꾸고는 했다.

이런 꿈을 꾸고 나면 시험이 한국인에게 미친 영향을 곱씹어 보게 되고 이런 시험이 없어졌으면 좋겠다는 생각을 하게 된다. 나는 내 세대에서 입시지옥이 막을 내리기 바랐지만 요즘 아이들까지 이러한 시험의 고통에서 벗어나기는커녕 더 고통받고 있으니 어른으로서 무엇을 했나 면목이 없어진다.

이렇듯 우리는 어려서부터 여러 시험을 치러왔지만 혼자 사는 여자의 자격시험은 없다. 만일 그런 시험이 있다면 나는 아마도 시험 준비 학원 강사가 되었거나 시험 문제 출제 위원이 되었을지도 모른다.

준비하지 못한 채 닥치면 사는 것이 인생이긴 하지만, 홀로의 삶은 사람들이 생각하듯 멋있지도 녹록하지도 않다. 게다가 시차가 있을 뿐 우리는 모두 언젠가는 혼자 살게 된다. 따라서 모두가 나 홀로 삶을 대비해야 한다.

혼자 사는 삶이라고 다 똑같은 것은 아니다. 독신을 고집하는 사람, 결혼은 해도 되고 안 해도 된다고 생각하는 사람, 결혼을 꼭 하겠다고 생각하지만 아직 안 한 사람, 사

돌
순
이
와

집
순
이

별이나 이혼으로 인해 다시 혼자 살게 된 사람 등 사정은 다양하다. 독신주의자나 결혼무방주의자는 직업이나 미래에 대한 계획이나 투자에 신경을 쓰며 미리 준비하고 있는 사람들이다.

문제는 결혼하려고 하지만 아직 하지 못한 사람들이다. 이런 사람은 직장을 잠시 머물다 가는 곳으로 생각하기 십상이니 일과 관련하여 별다른 계획이나 투자를 하지 않았을 가능성이 높고 내세울 만한 기술이나 능력이 없어 누구든 와서 할 수 있는 일을 하고 있는 경우가 많다. 그래서 심리적으로 불안하고, 그럴수록 더욱 결혼해야겠다는 생각이 들지만 현실은 뜻대로 되지 않는다.

미혼 여성이라도 가족과 함께 살 때는 혼자 사는 것이 어떤지 잘 모르다가 이런저런 사정으로 혼자 살게 될 때야 혼자임을 실감하게 된다. 그때 비로소 그동안 함께 살아온 가족들이 자신의 정서적 허약함을 상당 부분 채워주었음을 깨닫고 누군가 필요함을 느낀다.

그래서 자기와 함께해 줄 사람을 주위에서 찾지만 결혼한 친구들은 모두 바빠 보이고, 혼자 사는 다른 친구들은 모두 잘 적응하는 듯해 자기만 뒤처진 것 같다. 뒤늦게 깨닫게 된 이 정신적 나약을 극복하기가 쉽지 않다. 여기에 육체적 쇠약까지 겹치면 극복하기는 더욱 힘들어진다.

홀로서기에 성공하지 못하면 주위 사람들에게 의존하기 시작하고, 시간이 지날수록 그 의존도가 높아진다. 결국에는 전혀 의도하지 않았는데 다른 사람에게 폐를 끼치는 사람이 되어 있는 자신을 발견하게 된다.

혼자 살아보지 않고서는 혼자 잘 살 수 있는 사람인지 아닌지 알 방법이 없지만, 그래도 사전에 다른 사람의 경험을 통해 조금은 가늠해 볼 수 있을 것이다.

다음은 혼자 잘 지내는 사람들의 특성이다.

- 혼자 있어도 혼자라는 것을 별로 의식하지 않는다.
- 혼자 집에서 밥을 먹는 것이 이상하지 않다.
- 아무도 없는 집에서 혼자 자도 무섭지 않다.
- 예상치 않은 일이 발생했을 때 스스로 처리하려 한다.
- 음식점에서 먹어보지 않은 음식을 주문하는 데 망설이지 않는다.
- 도움이 필요할 때는 자존심 내세우지 않고 도움을 요청한다.
- 혼자 병원에 가도 서럽지 않다.

- 혼자라는 것이 다행스럽게 느껴질 때가 많다.
- 하루 24시간이 부족하다고 느낄 때가 많다.

혼자 사는 것에 대한 막연한 기대는 배제하고 현실을 파악하여야 한다. 그리고 자신에게 솔직해져야 한다. 그래서 자신을 객관적으로, 정직하게 평가할 수 있어야 한다. 혼자 살 자신이 없다면 좀더 적극적으로, 가능한 선까지 타협하며 동반자를 찾아보아야 할 것이다.

돌순이와
집순이의
시간 요리법

연어의 귀향을 직접 보고 싶어 캐나다 밴쿠버 아일랜드를 찾은 적이 있었다. 강을 거슬러 올라오는 연어들을 보고 그 모습에서 살아 있음의 활기를 느끼고, 산란을 마치고 할 일을 다 한 후 물 위로 떠오르는 연어의 마지막 모습을 보고 싶어서였다.

밴쿠버 아일랜드는 나를 실망시키지 않았다. 떠나고 5년이 지나 태어난 곳으로 돌아온 다음 알을 낳고 죽어가는 연어의 모습에서 내가 마지막으로 돌아갈 곳을 생각해 보았다.

연어처럼 우리도 명절 때면 고향을 찾는다. 그러나 이제 고향에는 어렸을 적 고향이라는 단어가 전해주던 그런 온기가 사라진 듯하다. 특히 혼자 사는 사람은 고향에서 온기를 느끼기 힘들 수 있다. 그럴수록 스스로 집 안에 온기를 살려 훈훈한 집, 돌아가고 싶은 집으로 만들어야 한다.

주변을 돌아보면 말이 독신이지 의외로 혼자 사는 것에 적응하지 못하는 사람들이 꽤 있다. 독신들은 대부분 스스로 돈을 벌어야 하기에 직업이 있고 야근도 많아 실상 집에서 보내는 시간은 그리 많지 않다.

주말이나 휴일이 되면 그래도 좀 오랜 시간을 집에서 보낼 수 있다. 그런데 이 황금 같은 시간을 집에서만 보내면 왠지 낭비하는 것 같아 외출하는 사람이 있는가 하면, 외출하여 이 시간을 쓸데없이 소비하기보다는 집에서 보내려는 사람도 있다. 나는 전자는 돌아다닌다 하여 '돌순이', 후자는 집에만 있는다 해서 '집순이'라고 부른다.

돌순이는 혼자 살지만 혼자 있는 것보다는 누군가와 함께 있기를 선호하는 사람들이다. 그래서 집에서 혼자 시간을 보내기보다는 이런저런 구실을 만들어 가급적 외출을 한다. 돌순이가 집에 있는 날은 필시 몸이 아파서일 것이다. 이렇게 집 밖으로 돌다 보니 밥을 대부분 바깥에서 사먹게 된다. 이런 사람에게 집은 하숙집에 불과해 집에서 온기가 느껴지지 않는다.

이와 반대로 집순이는 집에 있는 것이 편하고 좋은 사람들이다. 꼭 필요하지 않으면 외출을 하지 않는다. 외출을 해야 한다면 한 번 나갔을 때 될 수 있는 한 많은 일을 처리하여 외출 횟수를 줄이려고 한다. 이런 사람들에게 집은 정신의 고향이다. 그래서 집에 오면 고향에 온 듯 마음이 편하고 온기가 느껴진다.

돌순이와 집순이는 기질이 다르기도 하지만 주어진 시간을 요리할 수 있는 능력 또한 다르다. 집순이는 혼자 집에서 하는 일, 할 수 있는 일, 하고자 하는 일이 많다. 일이 없어 아무것도 하지 않고 있어도 불편하게 느끼거나 불안해하지 않고 마음 편히 있을 수 있다.

반면 돌순이는 집에 혼자 있으면 심심하고, 허전하다. 그래서 바깥으로 돌면서 끊임없이 사람들을 만나야 한다.

소위 성공한 독신 중에는 하루, 일주일의 일정을 빼곡히 채우고 바쁘게 생활해야 잘 사는 것이라고 생각하는 사람들이 꽤 있다. 하지만 바쁘게 사는 것과 잘 사는 것은 다르

다. 지나치게 바쁘게 사는 사람들은 오히려 속이 허할 가
능성이 높다. 속이 실한 사람들은 필요 이상의 활동은 자
제한다.

근래에 공동체 생활에 대한 이야기를 자주 듣는다. 혼자
사는 사람들이 함께 모여 밥을 먹는 것을 권하기도 한다.
좋은 생각이다. 그러나 이보다 중요한 것은 내 집에 마음
을 붙이는 것이다. 이것은 정서의 문제이다.

마음이 안정되어야 집에 온기가 돌기 시작한다. 아무리
좋은 집이라도 사람이 살지 않으면 폐가가 되지 않던가?

아무리 돌순이라 해도 나이가 들면 바깥으로 돌기 힘들
어지는 시기가 온다. 돌순이이든 집순이이든 나이가 들어
거동이 불편해지면 대부분의 시간을 집에서 보내게 되기
때문이다. 그러니까 결국 우리 모두는 집순이가 되는 셈이
다. 이럴 때 돌순이들은 더욱 답답하고 우울해질 수 있다.

처음에는 외출 횟수가 줄어들어 집에만 있게 되다가 집
에서의 거동도 점점 제한되어 침실과 거실, 부엌을 오가게
된다. 그나마도 힘들어져 식탁에 나와 식사조차 하기 힘들
어지면 자연히 방에만 있게 된다. 방에서도 일어나기 힘들
어지면 앉았다 누웠다를 반복하게 되고 마지막에는 누워

있게만 된다. 이렇게 누워 있게 될 때 그 누워 있는 시간조
차 사람에 따라 사용하는 것이 무척 다르다.

　나이가 들면 친구들도 하나둘 곁을 떠나고 전화 통화를
할 수 있는 지인의 수도 자연 줄어든다. 따라서 혼자 주어
진 시간을 요리하는 능력은 젊을 때보다는 나이 들어서 더
중요해진다.

1과 1+1은
얼마나
다를까?

나의 학창 시절은 시작이 순탄치 않았다. 초등학교 입학식
을 앞두고 병이 나 그토록 기다리던 입학식에도 못 가고
한동안 집에 감금된 상태로 치료를 받아야 했다.

참으로 길다 싶은 시간이 지나고 난 후에야 어머니 손을
잡고 뒤늦게 첫 등교를 했다. 그러나 교실은 낯설기만 했
다. 선생님이 하시는 말씀은 전혀 이해할 수 없었고, 반 친
구들이 한 목소리로 대답하는 모습은 신기하기만 했다. 반
친구들은 모두 숙련공 같았고, 똑똑해 보였다.

정신을 못 차리고 있는데 설상가상 시험을 봐야 했다.

학년, 반, 번호, 이름도 옆에 앉아 계신 어머니의 도움을 받아 겨우 썼으니, 답을 쓰는 것은 두말할 것도 없었다. 배운 것도 아는 것도 없었던 나는 첫 시험부터 0점을 받았다. 그리고 그 0점은 당분간 계속되었다.

이렇게 시작된 초등학교 1학년 생활은 험난하기 이를 데 없었다.

그러던 어느 날 수업 시간에 사과 한 개와 사과 한 개를 더하면 사과 두 개가 나란히 놓이는 것을 배웠다. 그리고 시험지에서 1+1을 묻는 문제와 만났다. 나의 답은 당연히 11이었다. 사과를 더하던 원리로 1과 1을 나란히 놓았던 것이다. 선생님은 그 옆에 2라는 정답을 써주셨다.

그런데 지금까지 살아오면서 경험한 바로는 1+1이 항상 2인 것만은 아니다. 아주 가끔 11인 경우도 있었고 100인 경우도 있었다.

세상을 살아가는 데는 능력, 학력, 재력도 필요하지만, 인맥도 중요하다. 그런데 미혼 여성은 혼자 살기에 항상 1인 반면 기혼 여성은 1+1이기에 기본적으로 2가 된다. 이 2는 상생효과로 10, 100, 1000이 되는 마력을 발휘하기도 한다.

　이런 마력을 마주할 때마다 언제나 1일 수밖에 없는 미혼 여성들은 힘이 빠진다. 아무리 활동적이고 외향적이고 사교적이라 해도 혼자서 맺을 수 있는 인간관계에는 한계가 있기 때문이다. 게다가 어느 조직이든 윗자리의 남녀 비율에서 여성은 열세이며 그나마 고위직 여성이 후배 여성을 반드시 이끌어준다는 보장도 없다.

　출발선상에서는 1+1이 1보다 좀 앞서 있는 정도니 추월하는 것이 그리 어려울 것이라고는 생각하지 않는다. 그런데 시간이 지날수록 거리가 좁혀지기는커녕 점점 더 벌어지는 것을 경험한다. 그래서 낭패감을 느낀다. 혼자 감당하기에는 버겁다.

　1+1이 1보다 더 나을 수 있는 이유는 인간관계의 이런 증폭 말고도 더 있다. 남녀가 만나 오랜 시간 함께 생활을 하면서 서로 사고의 폭을 넓힐 수 있다는 것도 장점이다. 이미 많은 연구에서 남녀의 두뇌 연결구조는 다르며 이로 인해 사고방식이 다르다는 점이 밝혀져 있다.

　그러니 1+1의 사고의 폭은 1보다는 더 넓고 깊고 다양할 수 있다. 혼자 사는 여자에게 다르게 생각하고 판단할 수 있는 능력을 기르는 노력이 그 무엇보다 중요한 이유다.

사고의 확장은 고정관념을 깨는 것, 다름을 수용하는 것에서 시작될 수 있다. 그 싹을 틔우고 잘 키우기 위해서는 자양분이 풍부한 밭을 만들어야 하는데, 다양한 정보원을 통해 얻은 유용한 정보가 바로 자양분을 이룬다. 이렇게 만들어진 자양분, 즉 정보를 검증하고 내면화하는 과정을 거쳐 새로운 사고의 싹을 틔우고 그 싹의 눈으로 새로운 풍경을 경험하는 것이다.

관점을 바꾸는 데에는 드라마가 좋은 도구가 될 수 있다. 드라마는 다양한 관점을 보여주며 타인의 입장에 서볼 수 있는 기회를 제공하기 때문이다. 시사·토론이나 다큐멘터리 프로그램도 빼놓을 수 없는 정보의 보고다.

그러나 TV 프로그램을 선택할 때에는 주의가 요구된다. 자칫 편향적인 생각을 가진 사람들로 구성된 출연진으로 인해 균형이 깨진 시각을 형성할 수도 있기 때문이다. 이런 점에서 국내의 소리만 경청하기보다는 외국의 소리를 직접 들어보는 것은 국제적 안목을 기르는 데도 도움이 되어 바람직하다.

그래도 어딘가 2% 모자라는 느낌이 든다면 정확히 짚은 것이다. 사람 냄새가 없다. 인간이 어떻게 기계만 대하며 살 수 있겠는가? 사람들을 폭넓게 만나야 한다.

이는 성공을 위한 인맥 쌓기와는 다른 일이다. 이용하고 덕을 보려는 의도가 숨어 있는 인맥 쌓기는 피하고 싶어지기 마련이다. 사람을 폭넓게 만나고자 함은 사람에게서 배우려는 것이다.

한때는 내가 가르치던 제자들인데 얼마 전부터 내가 제자들로부터 배우고 있음을 깨닫는다. 그들에게서 살아 있는 현장의 모습을 배우고, 요즘 흐름에 대한 정보, 경험 그리고 그들의 솔직한 의견을 듣는다.

다양한 연령층과의 교류에는 시대의 흐름에 뒤처지지 않도록 이끌어주는 견인력이 있다. 특히 나이 든 사람의 경우가 그렇다. 그래서 제자들의 성장한 모습 그리고 계속 성장하고 있는 모습을 볼 때면 흐뭇하고 든든하다.

요즘은 융합이라는 말을 많이 사용한다. 융합은 단 두 글자에 불과한 짧은 단어지만 실제로는 단시일에 이루어지는 일이 아니다. 예술을 한 사람과 과학을 한 사람이 만난다고 예술과 과학이 곧바로 융합되는 것은 아니다. 진정한 융합이 이루어져 단순히 예술과 과학을 나란히 세워놓은 것이 아닌 완전히 새로운 결과물이 탄생하기 위해서는 질적인 교류가 필요하다.

　진정한 융합과 마찬가지로 다른 분야의 사람들과 만나 이야기를 나누는 것은 사고를 질적으로 넓히는 데 꼭 필요한 일이다. 관심 있는 분야의 여러 사람들을 만나 진심으로 서로를 배워나가다 보면 언젠가 융합과 같은 사고의 확장이 자연스럽게 이루어질 것이다.

생각의
벽을
깨자!

한일월드컵으로 전국이 뜨겁던 2002년 어느 날 경동시장
으로 과일을 사러 갔다. 시장 사람들은 모두 그날 있을 우
리나라 대표팀의 경기로 웅성대고 있었다.

과일 가게 아주머니도 몇 번 과일을 산 적이 있어서인지
이번에도 덤 주시는 것을 잊지 않으면서 나에게 경기 볼
거냐고 물었다. 나는 내가 보면 경기에 지기 때문에 나라
를 위해서 보지 않는다고 답했다.

아주머니는 내 말을 듣고 그건 당신 생각일 뿐이다, 상
대팀보다 실력이 떨어지거나 골 운이 안 좋아 지는 것뿐

이다, 그런 생각 접고 편한 마음으로 오늘부터 중계방송을 보라고 말씀하셨다. 여느 학자 못지않은 확신이 느껴지는 조언이었다.

그런 반응은 내겐 매우 신선한 것이었다. 내가 경기를 보면 대표팀이 진다고 말하면 대부분 보지 말라고 당부했지 과일 가게 아주머니처럼 이야기하는 사람은 없었다. 아마도 우리나라가 이기길 원하는 마음이 컸기 때문이었을 것이다.

이와는 반대로 내게는 주차 운이 있다고 생각했다. 미국의 수도 워싱턴 디시는 주차가 힘든 곳으로 미국에서도 유명하다. 특히 관공서에 주차하기가 어렵다. 관공서 주차장에 주차하지 못하면 동전을 넣고 주차시간을 구매하는 길가 주차구역에 주차해야 하는데, 이 시스템의 문제는 구매할 수 있는 주차시간에 제한이 있는 선불제라는 점이다. 그래서 회의하다 말고 뛰어나와 주차요금징수기에 동전을 넣는 진풍경이 벌어지기도 한다.

바로 악명 높은 워싱턴 디시 관공서에서 내가 탄 차는 항상 주차를 쉽게 한다는 것을 알게 되었다. 다른 차는 주차할 곳이 없어 빙빙 돌고 있을 때도 내가 탄 차량은 언제나 쉽게 주차했던 것이다. 그다음부터 워싱턴으로 회의를 갈 때 나는 동승 1순위가 되었다.

그래서 나는 남편 운은 없지만 현대를 살아가는 데 매우 유용한 주차 운은 있다고 자부심을 가지고 말하곤 하였다. 그런데 분명 그 운이 100% 실현되는 것은 아니다.

과일 가게 아주머니 말씀대로 생각해 보면 이 역시 내 생각일 뿐일지도 모르겠다. 간혹 주차할 곳이 없을 때도 주차 운을 믿으니 여유를 가질 수 있어서 어렵지 않게 느껴지는 것일 수도 있다. 그럴 때면 별일도 다 있네, 곧 자리가 생기겠지 하는 생각으로 여유를 가지고 한 바퀴 돌고 나면 주차할 자리가 꼭 생기기 때문이다.

하지만 경품 운이 없는 것은 아직도 풀리지 않는 수수께끼이다. 내가 어렸을 때는 미국의 구제품이 구호물자로 전달되는 일이 많았다. 이 구호물자는 수량이 부족했기에 학교로 전달되면 제비뽑기를 해서 나누어주고는 했다.

나는 거기에 당첨된 적이 한 번도 없었다. 당첨이 되어 물건을 받고 좋아하는 반 친구들이 부럽고 맨날 제비를 잘못 뽑는 게 너무 서러워 집에 와서 한참을 아주 슬프게 운 적도 있었다. 성인이 되어서야 가물에 콩 나듯 당첨되고는 했지만 그나마 대개는 모두가 받을 때뿐이었다.

그동안 받지 못한 행운이 누적되어 한 번에 큰 행운으로 오면 혹시 복권이 당첨될지도 모른다는 기대감이 불쑥 들 때도 있지만 복권 자체를 사지 않으니 그런 복이 들어올 리가 없다.

이제는 나도 생각을 바꾸어 운동 경기의 국가 대항전 중계방송을 자유롭게 시청한다. 그런데 어느 날 참 우습다는 생각이 들었다. 공 하나를 가지고 22명이 두 팀으로 나뉘어 이리 차고 저리 차며 때로는 몸싸움도 하고 반칙 여부를 놓고 규정을 따지며 심각하게 토론도 한다. 그러다가 공을 넣으면 온 나라가 들썩인다. 경기에 이겨도 내 생활이나 국가 경제에 큰 변화가 없는데 왜 우리는 그다지도 운동 경기 승패에 열과 성을 다해 관심을 기울이는 것일까?

대학에 다니던 시절 커뮤니케이션 과목을 수강할 때 접한 연습문제 중에 이런 것이 있었다. 다른 우주에서 온 존재가 있다고 가정하자. 지구에 대해서는 아는 것이 전혀 없다. 그 존재가 지금 우리가 사는 것을 보면 어떤 생각을 하고 어떤 질문을 할지 작성해 보라는 것이었다.

그 문제를 보고 주변을 살펴보니 이상하게 보일 것이 한

둘이 아니었다. 네모난 상자를 바라보며 울고 웃는가 하면, 사람마다 손에 조그만 것을 들고 다니며 열심히 쳐다본다. 또한 땅속에 긴 것이 다니는데 그것이 서면 그 속에서 사람들이 쏟아져 나온다. 이렇게 써놓고 보니 마치 몇백 년 전에 씌어졌다는 예언서처럼 보이기도 한다.

　우리가 당연하다고 느끼는 것 중에 어쩌면 당연한 것은 아무것도 없을지도 모른다. 이렇게 당연한 것으로부터 낯설어지기가 바로 생각의 벽을 깨는 연습의 첫걸음일 것이다.

　자, 지금 외계인이 앞에 나타나면 여러분의 생활을 어떻게 설명할 것인가?

장그래는
언제 팀장이
되었나

"얘, 장그래가 언제 팀장이 되었니?"

어느 날 아침 동창 한 명이 나에게 전화를 걸어 대뜸 이렇게 물었다. 드라마 『미생』이 열풍을 일으키고 있던 때였다. 한 번도 놓치지 않고 '본방'을 사수했는데 장그래가 팀장이 된 것을 몰랐다고 했다.

하도 진지하게 물어서 순간 나 역시 장그래가 승진을 했나 헷갈릴 정도였다. 장그래가 책임도 지지 못할 요르단 사업 제안을 후회한다는 말에 상사인 오 차장은 장그래에게 분수에 넘치는 말이라며 장 팀장이라고 놀리기 시작했

는데, '장 팀장, 장 팀장' 하고 부르는 품새가 하도 천연덕
스러워 내 동창은 장그래가 팀장으로 승진한 것으로 오해
한 것이다.

내가 태어났을 당시에는 인쇄물이 유일한 매체였는데
그나마 귀해서 동화책은 가물에 콩 나듯 볼 수 있었다. 피
난 시절, 구호품으로 얻은 제목도 모르는 미국 동화책 그
림을 보며 내 머리는 언제 이렇게 노란 곱슬머리가 될까
상상해 보고는 했다. 라디오를 접했던 것도 피난 때였다.
조그만 상자 속에서 사람의 목소리가 흘러나오는 것이 참
신기했다.

그리고 한참 후, 대학 후반에 접하게 된 TV. '바보상자'
라 불리기도 했지만 TV는 나에게 바보상자만은 아니었다.
때로는 학습 도구가 되기도 했고 다른 문화를 이해할 수
있는 유일한 채널이 되기도 했다.

그리고 미국에 유학 가서 컴퓨터를 접한 이후로 세상은
정말 정신없이 바뀌었다. 인터넷, 태블릿컴퓨터, 스마트폰
이 쉴 새 없이 쏟아져 나오는 동안 우리는 변화에 적응하
느라 정신이 없었다. 'ㅈ'은 칠 수가 있는데 'ㅉ'은 어떤 자
판을 눌러야 할지 모르겠다며 전화를 걸어온 친구도 있었

다. 사소하지만 모르면 참으로 답답한 기능을 자식이나 손주에게 물으면 어이없다는 표정을 지어 그 이후로 가족에게는 절대 묻지 않기로 다짐했다는 친구도 있었다.

요즘 인기 있는 드라마를 보면 참 잘 만든다는 생각이 든다. 작가의 실력도 놀랍지만 연출의 놀라운 감각 그리고 출연진들의 연기에 감탄하게 된다. TV를 한 번도 보지 못한 사람들이 만드는 프로그램과 태어나면서부터 TV를 보아온 세대가 만드는 프로그램은 당연히 다를 수밖에 없다. 아니 더 좋은 것이 당연하다. 그래서 오늘날 한류라는 것이 가능해졌다는 생각이 든다.

하지만 그 기저에는 '맨땅에 헤딩' 하듯 시작했던 지난 세대의 노력이 있다고 생각한다. 제대로 된 TV 프로그램 하나 본 적 없는 사람들이 좋은 프로그램을 만들기 위해 알고 있는 범위 내에서 최선을 다했다. 시설이나 제작비도 턱없이 부족했다. 녹화 테이프도 모자라서 녹화된 것을 지우고 다시 쓰곤 했다. 그래서 1960년대 제작되었던 초창기의 좋은 드라마의 기록이 남아 있지 않은 것이다. 이는 서글픈 일이기도 하다.

TV 프로그램에는 그 시대를 대표하는 상징성이 있다.

상징성이란 기술적인 부분만 아니라 사회, 문화적인 부분까지도 망라한다. 개그 프로그램을 보고 함께 웃을 수 있는 수준이 되면 영어를 제대로 하는 것이라는 말을 듣고 유명한 코미디 프로그램인『새터데이 나잇 라이브Saturday Night Live』를 열심히 시청했던 적이 있었다. TV 속 사람들은 웃는데 나는 그들과 함께 웃을 수가 없었다. 왜 웃는지 이해되지 않았다. 코미디 프로그램은 언어를 넘어 사회와 문화까지 이해해야 즐길 수 있는 것이다.

아침에 장그래가 언제 팀장이 되었냐고 물었던 친구에게 다시 전화를 걸었다. 우리의 대화는 자연 드라마로 흘러『가족끼리 왜 이래』에서도 이해되지 않는 장면들이 나온다는 이야기에 이르렀다. 설명을 듣고 보니 무엇이 문제인지 알 수 있을 것 같았다.

아날로그 세대, 직선적인 사고가 전형을 이루는 세대가 따라가기에 요즘 드라마는 어렵다. 장면 전환이 빠를 뿐만 아니라 편집 기법도 달라졌기 때문이다.

달봉이와 서울이가 놀라 악을 쓰는 장면이 강심이와 문 상무가 악을 쓰는 장면으로 이어진다. 달봉이와 서울이가 악을 쓰고 있는데 갑자기 강심이와 문 상무가 튀어나와 악을 쓰는 것으로 이해가 되면 이상할 수밖에 없는 흐름이다.

　게다가 내 또래 시청자의 머릿속에서 장면 전환은 그처럼 빨리 이루어지지 않는다. 왜 이렇게 장면이 바뀌나 이해하려는데 다른 이야기로 훅 넘어가니 이야기를 따라가기도 힘들다. 그래서 옆에 앉아 웃고 즐기는 자식들에게 물어보면 "나중에…"라며 대꾸도 없이 저희들끼리 몰입하고 웃는다. 그래서 소외감을 느낀다고 친구는 말했다. 나는 모두가 경험하는 일이라고 친구를 위로했다.

　그리고 생각했다. 어쩌면 소통이란 말처럼 그리 쉬운 일은 아닐 것이라고. 자식들이 드라마 내용을 묻는 부모를 이해하고 설명해 주는 것도, '우리 때는'이라는 말을 앞세우지 않고 젊은이들의 현실을 있는 그대로 이해하는 것도 실은 외국에서 코미디 프로그램을 보고 웃을 수 있기까지 들이는 만큼, 아니 그 이상의 노력이 필요한 일일 것이다.

　한국에 온 외국인이 한국어를 열심히 공부해도 『개그 콘서트』를 얼마나 이해하고 즐길 수 있을까? 『개그 콘서트』에는 나도 웃지 못하는 코너들이 있다. 그러나 나는 오늘도 시청한다. 이해가 안 간다고 중단하면 영영 이해하지 못할 것이기에.

돌순이와 집순이

모르는 것은 물어보자

어느 추석 전날 나는 필요한 식재료를 추가로 사기 위해
마트에 갔다.

휴일 늦은 오후 시간이라 마트는 마지막 장을 보러 온
사람들로 북새통을 이루었다. 그 북새통 속에서 어린 아들
과 엄마의 대화가 귀에 들어왔다.

"엄마, 갈비찜 해줘요."

"갈비찜 할 줄 모르는데. 뭐가 들어가는지 몰라."

"물어보면 되잖아요."

"창피하게 여기서 어떻게 물어봐."

나는 모자의 대화가 어떻게 진행될지 궁금했지만 뒤돌아보지 않고 계속 필요한 것을 찾아 담고 있었다. 그런데 불현듯 그 소년이 나에게 다가와 묻는 것이었다. 머리가 흰 내가 잘 알듯했는지 그 소년에게 뽑혔나 보다.

"저기요. 갈비찜에 어떤 게 들어가요?"

돌아보니 참으로 잘생긴 소년이 웃고 있었다. 그때까지 엄마를 따라온 아들은 한 명이라고 생각했는데 그 옆에는 조용한 아들이 또 한 명 서 있었다. 맏아들인 듯한 그 아이는 민망한 표정을 짓고 있었다.

나는 무, 밤, 표고, 대추, 은행, … 하며 재료를 알려주기 시작했다. 그런데 그 엄마가 감자는 안 들어가냐고 묻는 것이었다.

그렇구나. 나는 우리 집에서 하던 식으로 알려주고 있었는데 지방에 따라서는 감자를 넣을 수도 있겠다는 생각이 들었다. 그래서 스마트폰이 있냐고 물었다. 나에게 질문했던 소년이 형이 가지고 있다고 했다.

그래서 나는 스마트폰을 꺼내서 '갈비찜 만드는 법' 또는 '갈비찜 요리법'으로 검색해 보라고 했다. 검색 결과가 나오느냐고 물으니 많이 나왔다고 했다. 나는 스마트폰을

건네받아 몇 가지 요리법을 검색한 후 하나를 선택해 주었다. 이대로 재료를 사서 설명한 대로 만들면 맛있는 갈비찜을 만들 수 있을 것이라고 말했다. 소년은 고맙다며 웃음 가득한 얼굴로 인사를 했다.

겉보기에 형과 엄마는 내성적인 듯했고 둘째 아들은 외향적인 듯했다. 만일 외향적인 둘째 아들이 아니었다면 그 식구들은 먹고 싶은 갈비찜을 추석 명절에 먹지 못했을 것이다. 외향적인 사람은 한마디로 제 밥을 잘 찾아 먹는다.

외향적인 사람은 자기표현이나 의사 표시를 잘한다. 따라서 어느 모임에 가나 처음 눈에 띄는 사람은 대체로 외향적인 사람이고 그러다 보니 관심을 쉽게 받는다.

반면 내성적인 사람은 조용히 앉아 다른 사람의 이야기를 듣는 편이다. 대개 의견이나 생각은 있지만 자기에게 특별히 묻지 않는 한 속으로 생각하고 만다. 그래서 시간이 가야 존재감이 나타난다.

만일 외향적인 사람이 모임에 한 번 나오지 않으면 많은 사람들이 안부를 묻지만 내성적인 사람은 결석을 해도 결석을 했는지조차 모르는 경우가 많다. 그러나 장기간 사귀어 보거나 오래 일을 같이 해보면 내성적인 사람의 진면목을 알게 된다.

내성적인 사람도 자신감이 있을 때, 확실히 알고 있을 때 그리고 다른 사람을 이끌고 가야 하는 지도자의 위치에 서게 되면 외향적인 성향을 보일 수 있다.

따라서 내성적인 사람이 마음에 새겨두어야 할 것은 필요한 때에는 외향적인 성향을 보이는 용기를 가져야 한다는 것이다. 24시간 그렇게 살라고 한다면 고역이겠지만 깨어 있는 시간 중 일부 한정된 시간에 잠시 본연의 나를 버리는 것은 감당하지 못할 만큼 힘든 일은 아닐 것이다. 그렇게 해서 얻을 뚜렷한 성과가 있다면 말이다.

혼자 살아가는 사람에게는 외향적인 기질을 발휘해야 할 때가 꼭 있다. '아무도 나에게 알려주지 않았어'라며 불평만 하고 있으면 정말 아무것도 해결되지 않기 때문이다.

부모가 우리를 챙겨주던 어린 시절을 지나고 나면 어느 누구도 나를 챙겨주지 않는다. 나는 내가 챙겨야 한다. 갈비찜을 어떻게 하는지 모르면 물어봐야 한다. 따라서 혼자 사는 사람이 갖추어야 할 것은 스스로를 돌봐야 한다는 마음가짐이다.

나를 스스로 챙기려 한다면 모르는 것 묻는 것을 주저하지 말아야 한다. 질문하는 것은 절대로 흉이 되지 않는다. 모르면서도 아는 척할 때 손해는 척한 사람이 받게 된다.

나는 음식점에 가서도 맛있는 음식을 먹으면 만드는 법을 알려줄 수 있느냐고 물어보기를 주저하지 않는 편이다. 미국에서는 이런 질문을 하면 대개 요리사가 직접 나와 영광이라며 기쁜 마음으로 설명을 해주고는 한다. 그렇게 해서 배운 요리도 여러 가지가 있다. 그런데 우리나라에서는 며느리도 모르는 비법이라며 대개 말해주지 않는다.

주의할 점은 항상 어느 한 사람에게만 질문을 계속한다면 질문을 받는 사람은 조만간 나를 피하려는 현상이 생긴다는 것이다. 따라서 질문에 맞는 사람을 찾아야 한다. '약은 약사에게, 병은 의사에게'라는 말이 있듯이 내 질문에 대한 답을 알고 있을 사람에게 물어야 정확한 답을 얻을 수 있다.

이렇게 하려면 아는 사람이 많아야 함은 두말할 나위가 없다. 마땅히 물을 만한 사람이 없다면 모든 것을 다 알고 있는 인터넷을 검색해서 일차적으로 답을 찾아보는 것도 좋은 접근법이다. 그러나 어디까지나 참고자료로 삼아야지 이것을 100% 신뢰하며 따르는 것은 삼가야 한다.

중요한 것은 항상 눈과 귀를 열어두어야 한다는 것이다. 그런데 전문가임을 자처하는 사람, 주장이 뚜렷한 사람, 개성이 강한 사람일수록 자신이 항상 옳다는 생각에 눈과 귀를 아예 닫고 살아가는 경우가 많으니 안타까울 뿐이다.

나를
사랑한다
는 것

"선생님, 저 이번 방학에 한국에 가요. 뵙고 싶어요."

유학 중인 제자들은 방학 때마다 한국을 찾았다. 내가 유학하던 1970년대, 80년대와는 매우 다른 풍경이다. 당시 우리는 한번 출국하면 학위를 받을 때까지 돌아오지 못하는 것으로 생각했다. 그래서 방학 때마다 한국에 오는 제자들이 부럽기도 하고 낯설기도 하다.

당시 유학생들은 궁색했다. 또 시간은 항상 부족하여 하루가 26시간이 아닌 것을 안타까워했다. 나의 생활 역시 그랬다. 강의 조교를 했기에 일주일에 한 번 학부 강의를 해야 했고, 그 외 시간에는 수업 듣고 공부하고 조교로 학과의 일을 했다. 매일 똑같은 일이 빡빡하게 반복되었다.

수업은 모두 저녁시간에 있어서 집에 돌아오면 대개 저녁 9시가 되었다. 그때부터 저녁을 준비하고 TV를 켜놓고 뉴스를 시청했다. 인터넷이 없던 시절 혼자 사는 사람으로서 뉴스는 꼭 보아야 한다고 생각했다. 특히 모국에 무슨 일이라도 있으면 알아야 했기 때문이다.

어느 날 너무 피곤한 나머지 라면을 끓여 가지고 냄비째 들고 소파에 앉아 TV를 보며 먹고 있었다. 그러다가 우연히 거울에 비친 내 모습을 보고는 라면 냄비를 내려놓고 말았다.

다 늦은 저녁에 허겁지겁 라면을 먹는 나의 눈은 푹 들어가 있었다. 긴 생머리는 그날 저녁 매력을 발산하지 못했다. 그 모습은 처량함을 넘어 처참하기까지 했다.

나는 큰 충격을 받았다. 그리고 생각했다. 이렇게 사는 것이 아닌데, 공부도 결국 잘 먹고 잘 살려고 하는 것인데, 이게 도대체 무엇인가?

다음 날 오전 나는 학교와는 정반대 길로 갔다. 백화점에 들러 예쁜 그릇, 식탁보, 헝겊 냅킨 그리고 촛대를 샀다.

그날부터 나는 아무리 피곤해도 제대로 격식을 차려 식사하기 시작했다. 내가 밥 먹을 때는 제일 예쁜 그릇을 놓고 촛불을 켰다. 냅킨도 나 혼자 식사할 때는 헝겊으로 된 것을 쓰고, 손님이 오면 종이로 된 것을 내놓았다.

누가 보면 이상한 여자라 할 수도 있겠지. 그러나 나는 나를 존중하고 사랑해 주고 위해줄 사람은 바로 나 자신뿐이란 것을 깨달았다. 이렇게 살다 한 학기 정도 졸업이 늦어진들 무슨 상관이랴? 사는 날까지 사는 것같이 살아보자고 다짐했다. 그 이후로 지금까지 그러한 생각엔 변함이 없다.

나에게 끼니 거르지 말고 잘 먹으라고 충고하는 사람들이 많다. 특히 새 도우미 아주머니가 오실 때마다 끼니 거르지 말라며 내 걱정을 한다. 하지만 한두 달이 지나면 괜히 그런 소리 했다며 후회한다. 아마도 혼자 사니까 대충 먹고 사는 줄 알았던 모양이다.

나는 아직까지는 아주 잘 먹고 있다. 나이가 더 들어 거동이 불편하면 대충 먹는 시기가 올 수도 있겠지만 그렇게 되지 않기를 바랄 뿐이다.

하지만 나를 위하는 것과 나를 사랑하는 것과는 차원이

다른 일이라는 것을 알게 되었다. 나를 사랑한다는 것은 나 자신을 그대로 받아들이고 만족할 수 있음을 의미한다. 과연 몇 사람이나 자신을 있는 그대로 사랑할 수 있을까?

대학교 때 여름방학이면 나는 집에서 짧은 바지를 입고 두 다리를 쭉 펴고는 어머니께 불평하고는 했다.

"어머니, 여기 있는 이 무릎이 이렇게 위에 있어야 키가 클 텐데, 그만 이렇게 아래에 있어서 제가 이렇게 작잖아요?"

어머니는 나의 이런 불평에 '미안하다'로 일관하셨다. 어려서 우유를 많이 먹였다면 그래도 조금은 더 컸겠지만, 생활이 어렵고 또 전쟁으로 인해 피난 다니느라 제대로 못 먹여서 그렇다며 혼자 듣기 아까울 정도의 서글픈 이야기를 풀어내시고는 했다. 두만강 푸른 물에 노 젓는 뱃사공보다 더 구성진 이야기로 변하는 바람에 나는 더 이상 불평을 하지 않기로 했다.

타고난 외모를 사랑하는 사람은 많지 않을 것이다. 내가 젊었을 때만 해도 성형수술은 초기 단계였기에 대부분의 사람들이 불만스럽더라도 할 수 없는 일이라며 참고 살았다. 그런데 성형 기술의 발달로 이제는 할 수 없는 일이 거의 없는 듯하다. 그래서 너도 나도 뜯어고친다. 학생 때는 시원하고 매력적인 얼굴이었는데 50년 만에 만나니 하도 뜯어고쳐 조잡한 얼굴이 되어버린 동창을 보면 안쓰럽기도 했다.

그런데 요즘에는 한술 더 떠 이런 외모에만 불만을 갖는 것이 아니라 재능, 성격 등 다양한 부분에 걸쳐 불만을 토로한다. 기술이 발전과 발달을 거듭하다 보면 언젠가 두뇌와 성격은 물론 재능까지 원하는 대로 바꿔 넣을 것 같다. 그렇게 고치고 바꾸면 만족할 수 있을까?

이 세상에 나처럼 생긴 사람이 오직 나 하나라는 것이 더 자부심과 자존심을 세워주는 일이 아닐까? 짝퉁 외모가 시각적으로는 있어 보이게 만들어줄 수는 있겠지만 인간적으로는 풍요롭게 해주지 못한다. 이 세상에 단 하나뿐인 내 모습을 버리면서 나를 사랑하는 것이 가능할지는 잘 따져볼 일이다.

외롭다면
외로운
사람을 찾자

혼자 사는 사람은 솔직히 외로울 때가 많다. 가족이 있어도 외로운데 가족이 없으니 더 외로운 것이다. 그렇다고 나를 외롭지 않게 위로해 주는 사람이 따로 있는 것도 아니다. 모두 자기 살기에 바빠 다른 사람을 챙길 겨를이 없다.

그러면 이 외로움을 어떻게 할 것인가? 하나의 방법은 나같이 외로운 사람 또는 나보다 더 외로운 사람을 찾아 서로 위로하는 것이다.

설이나 추석 때면 고향에서 온 가족이 함께 모인다. 그러나 이런저런 사정으로 찾아갈 가족이 없는 경우가 있다.

그렇다고 외롭다며 혼자 앉아 있어보았자 아무도 나를 돌보아 주지 않는다.

미국에서는 추수감사절과 크리스마스 때 대부분의 사람들이 가족을 찾아간다. 어느 해인가는 밀린 일이 많아 추수감사절 때 항상 가던 큰언니 집에 갈 수가 없었다. 미국의 대학교는 추수감사절 때 기숙사 문을 닫는데, 외국 유학생들은 그 며칠 동안 머무를 곳을 찾아야 한다. 마음씨 좋은 미국 친구들은 그런 때 자기 집에 와서 머무르라고 집을 내주고 가족을 만나러 떠나고는 했다.

그래서 나는 그해 추수감사절에 내 친구들 집에 묵고 있는 유학생들을 우리 집에 초청하여 함께 저녁을 먹기로 했다. 아프리카에서 온 학생, 남미에서 온 학생, 한국에서 온 학생 들이 함께 모여 저녁을 먹었다. 그중에는 자동차가 없는 학생들도 있어 일일이 데리러 가야 했고 저녁식사 후에는 또 데려다주어야 했다. 음식 준비도 만만치 않았다. 차라리 큰언니 집에 가는 것이 더 나았을 것이라는 후회가 들기도 했다.

하지만 우리 모두 참 즐거운 시간을 가졌다. 혼자 집에 있으면 외로울 수도 있었지만 나보다 더 외로운 유학생들을 불러서 함께 저녁을 먹으면서 그들을 위로해 주었고 나역시 그들로부터 위로를 받았다. 추수감사절이라 칠면조요리를 준비해야 했으나 문화 교류 차원에서 한국 요리를 내놓았는데 모두 잘 먹어 전날부터 음식 준비한 보람도 있었다.

크리스마스이브 때면 사람들을 초대하는 친구가 있다. 혼자 사는 그 친구는 그날 특별한 계획이 없는 사람은 누구나 오라고 한다. 음식 솜씨가 뛰어나고 음악에 조예가 깊은 이 친구는 그럴 때마다 음악을 선정하고 준비한 영상물을 해설과 함께 보여준다. 그래서 참석한 사람 모두가 뜻깊은 시간을 가질 수 있게 해준다. 초대 손님을 가족이나 친구로 제한하지 않고 다양한 사람들에게 문을 열면 평소 대하지 못한 사람들을 만날 수 있고 새롭게 친구 관계를 맺을 수 있다.

내 손을 누가 잡아주기를 기다리는 대신, 내가 먼저 손을 내밀어 다른 사람의 손을 잡아준다면 우리는 덜 외롭게 지낼 수가 있다. 초대받지 못했다면 내가 남을 초대해 보면 어떨까? 꼭 음식을 잘해야 하는 것도 아니고 집이 커야 하는 것도 아니다. 내 모습 그대로, 내가 살고 있는 모습 그대로를 다른 사람에게 보일 때 사람들은 오히려 친밀감을 느낀다.

큰언니가 혼자된 뒤에 우리는 혼자 사는 여성 모임을 만들어 매달 한 번씩 모여 좋은 음식점을 가기도 하고 여행을 가기도 했다. 그 모임에 참석하는 사람 대부분이 혼자는 엄두도 내지 못할 경험을 했다.

혼자 사는 분이 환갑이 되면 환갑잔치도 해주었고, 가족의 기일을 함께 추모했다. 이렇게 우리 자신을 위해 시작한 모임이 발전하여 아프리카의 소년을 돕기도 하였다. 서로를 돌보다 보니 전혀 알지 못하는 남을 돕고자 하는 마음의 여유가 생긴 것이다.

미국 멤피스에 살 때는 매년 집 없는 사람들을 위해 집을 지어주는 모임에 나갔다. 건축 설계 일을 하는 친구는 집 설계를 하고, 젊은 남자들은 주말이나 공휴일에 집 짓는 일을 하고, 여자들은 점심식사를 준비하는 등 각자 역량에 맞는 봉사를 했다.

집이 완성되면 실내 장식은 대부분 여자들의 몫이었다. 또 필요한 살림은 성금을 모아 사주거나 각자가 쓰지 않는 물건을 기증하여 마련해 주었다. 이렇게 완성된 집은 크리

스마스에 기증되었다.

　새로운 집을 받는 사람들은 대개 빈민층 흑인이었다. 태어나서 처음으로 본인의 경제력으로는 도저히 소유할 수 없는 집을 기증받으면서 그들은 닭똥 같은 눈물을 뚝뚝 떨어뜨렸다.

　나 혼자라면 도저히 집을 지어 기증할 수 없지만 함께 모여 시간과 노동과 지혜와 마음을 합치니 해마다 그럴싸한 집이 마련되었다. 이 일에 동참하면서 나는 참으로 많은 것을 배웠다.

　우리 사회에도 둘러보면 도움이 필요한 사람들이 많다. 그리고 금전, 재능 등 도움을 줄 수 있는 방법은 찾아보면 다양하다. 죽은 후에도 장기 기부를 통해 새로운 생명을 줄 수도 있다. 이러한 나눔을 통해 외로움은 삶의 생기로 탈바꿈할 수 있다.

한 번에
한 가지씩
미쳐보기

근래에 나는 '집중과 분산'이란 말을 곱씹어 본다.

　머리가 좋은 사람이건 좀 떨어지는 사람이건, 능력이 많은 사람이건 부족한 사람이건 간에 집중도에 따라 결과는 다르게 나타난다.

　물론 머리가 좋고 능력이 많은 사람이 집중을 하면 더 큰 성과를 낼 것이지만 그렇지 못한 사람일지라도 집중하면 분산할 때보다는 더 좋은 성과를 거둘 수 있다. 반면, 머리도 좋고 능력도 많은 사람이 별로 성과를 내지 못하는 경우는 대개 집중하지 못하고 자신의 머리와 능력을 분산

시킬 때이다.

집중과 분산의 결과가 뚜렷하게 드러나는 것이 구직활동이다. 능력을 분산시킨 사람은 시도해 본 것은 많지만 잘하는 것이 없다. 왜냐하면 끝까지 추구하지 않고 도중에 포기하기 때문이다. 반면 집중한 사람은 많은 것을 할 줄은 모르지만 한두 가지 잘하는 것이 있다. 그리고 그것을 홍보하며 취업이라는 시장에 뛰어든다.

무엇이 이러한 차이를 가지고 오는가를 나름대로 살펴보니, 재미와 의미에 있는 듯하다. 재미를 추구하는 사람은 재미있어 보이는 것은 모두 다 시도해 보기에 할 수 있는 것이 많은 반면, 재미가 없어지면 도중에 중단하기에 끝을 보지 못해 잘할 수 있는 수준까지는 가지 못하고 마는 아쉬움이 있다.

반면 집중할 수 있는 사람은 택한 일에서 의미와 재미, 모두를 찾은 사람들이다. 재미가 없다면 계속할 수 없을 텐데, 의미가 있기에 재미가 떨어질 때 지속할 수 있는 에너지를 공급받는다. 따라서 의미와 재미 모두를 찾은 사람이 소위 끝을 보는 사람이라고 할 수 있다.

그런데 놀랍게도 주위에는 못하는 것이 없는 사람이 간

혹 있다. 대개 한 가지에 몰두하여 숙달된 뒤 또 다른 것을 시도하면서 처음 시도에서 배운 지식과 기술을 적용하여 좀더 빨리 좀더 쉽게 숙달하는 사람들이다. 물론 이런 예외적인 사람들에게서는 명석한 두뇌와 동기, 은근과 끈기를 볼 수 있고 이외에도 체력이 뒷받침되는 경우가 많다.

이에 반해 의미도 재미도 없이 생계유지만을 위해 일하는 사람들이 있다. 이런 사람들은 자연히 의미나 재미를 다른 것에서 찾으려 하기에 투자가 분산되고 어느 분야에서도 전문가로 인정받기 힘들다.

그러므로 우선 본업에 집중하여야 한다. 왜냐하면 그것이 바로 본업이기 때문이다. 혼자 사는 여성일수록 전문성이 뚜렷하며 웬만한 경제위기에도 흔들리지 않는 그런 직업이 필요하다. 사실 경제위기가 오면 위협받지 않는 일자리는 없다. 그러나 어떠한 분야든 실력이 있으면 살아남는다.

경제위기로 인해 하던 일을 그만두고 취미로 하던 일을 업으로 삼아 성공했다는 이야기도 듣는다. 그러나 이런 성공담은 취미로 하던 일의 수준을 넘어 전문성을 갖추었을 때 가능한 일이고 취미와 전문성의 차이를 좁히는 노력이 있었기에 가능한 일이다.

모든 것에는 때가 있듯 집중하는 데에도 때가 있는 듯하다. 젊었을 때 집중적으로 노력하여 한 가지를 이룬 후에 분산한다면 많은 것을 얻을 가능성이 높다. 물론 잘하는 것, 재미와 의미가 있는 일을 찾기 위해서 여러 가지를 시도해 봐야 하고, 그러려면 분산이 이루어질 수밖에 없다고 항변할 수도 있다. 그러나 분산하되 동시 다발적으로 하기보다는 한 가지씩 집중해야 한다.

대학교에서 가르칠 때 나는 학기가 끝날 즈음 학생들에게 과제를 하나씩 주었다. 물론 학기가 끝나고 주는 과제이니 성적에 반영될 리도 없고 학생들 스스로 자발적으로 하기를 기대하며 주는 과제였다. 그 과제는 바로 '방학 동안 한 가지 일에 미쳐보기'였다. 단, 술, 담배, 노름, 그리고 남자에게만은 미치지 말라고 했다. 만일 이러한 규제를 두지 않는다면 나중에 학부형한테서 항의를 받을 것 같아서였다.

미쳐보기란 말이 대학교수가 사용하기에는 좀 저급한 단어 같았지만 나는 진정 학생들이 한 가지 일에 집중해보기를 원했다. 대학생들은 4학년 겨울방학을 제외하고 대부분 일곱 번의 방학을 맞이한다. 매 방학 동안 한 가지 일에 몰두한다면 졸업 때까지 모두 일곱 가지에 몰두할 수 있다. 그러는 과정에서 자신에게 맞는 일을 찾을 수 있고 무엇보다도 집중하는 습관을 기르고 그 묘미를 맛볼 수 있다고 생각했다.

방학이 끝나고 새 학기가 되었을 때 영어에 미쳐 아침부터 잠자리에 들 때까지 영어 공부만 했다는 학생도 있었고, 독서에 빠져 아침 일찍부터 도서관에 파묻혀 책을 읽다가 밤늦게 도서관을 나오며 어머니에게 귀가한다고 알릴 때 왠지 뿌듯한 느낌이 들었다는 학생도 있었다.

그런가 하면 학기 중에 배운 컴퓨터그래픽이 재미있어 방학 내내 컴퓨터를 이용해 그림을 그리다가 실내장식을 더 공부해 보고 싶어졌다고 이야기하는 학생도 있었다. 또 어떤 학생은 요리에 푹 빠졌다며 과자를 만들어 갖다 주기도 했다.

그런데 가장 서글픈 반응은 방학 내내 무엇에 미칠까 생각만 하다가 아무것도 하지 못했다는 것이었다.

말에는 삶의
품위가
담겨 있다

어떻게 살았으면 저렇게 고상하고 우아하게 보일까 궁금해지는 사람이 있는가 하면, 저렇게 늙지는 말아야지 다짐하게 만드는 반면교사도 있다.

무엇이 이렇게 상반된 인상을 주는지 세밀히 관찰해 보면 그것은 바로 언행에 달려 있다. 우아하게 나이가 든 멋있는 사람의 말과 행동에는 예절과 절제가 배어 있다.

이런 사람들에게는 공통적인 특징이 있는데, 그것은 바로 반말을 하지 않는다는 것이다. 음식점이건 백화점이건, 종업원들에게도 절대로 반말을 하지 않는다. 한 번도 본 적이 없는 그들과 형제가 되어 언니라 부르지 않고 친인척 관계가 되어 이모라고 부르지 않는다. 존대를 받은 종업원들은 더 공손하고 친절해진다.

그런데 얼마 전부터 우리 사회에서는 이상한 현상이 일고 있다. 그것은 바로 윗사람에게 사용해야 할 존칭을 사물에 사용하는 것이다. 그래서 '손님께서 시키신 음식이 곧 나오실 겁니다'라는 웃지 못할 말을 듣는다. 상담사에게 그것을 일일이 알려주다 통화의 목적을 잊을 때도 있었다.

그래서 한번은 왜 그렇게 말하는지 물어봤더니 교육을 그렇게 받는다고 했다. 손님 중에는 그렇게 말하지 않으면 왜 공손하게 말하지 않느냐며 항의를 하는 경우도 있다고 했다. 결국 대중이 무식하여 벌어지는 현상이란 이야기다. 과외를 그렇게 많이 받으며 자란 사람들이 어쩌다 이렇게 되었는지 모르겠다.

그래서 말의 중요성을 다시 깨닫게 된다. 아무리 명품으로 치장했어도 입만 벌리면 그 사람의 교양은 모두 드러나게 된다. 돈이 생기면 단 몇 시간에 머리부터 발끝까지 명품으로 치장할 수는 있지만, 말이란 어느 날 갑자기 고쳐지는 것이 아니다. 잠시 고상한 척 말할 수는 있지만 그동안 쌓여

온 습관은 은연중에 불쑥불쑥 튀어나오기 마련이다.

아나운서도 예외는 아니다. 원고가 준비되지 않은 긴박한 상황에서 보도해야 할 때 평소의 언어습관이 그대로 나타난다. 따라서 어디를 가나 대접받는 사람이 되고자 한다면 언어부터 가다듬을 일이다.

먼저 목소리를 조절해야 한다. 우리나라 사람들은 대체로 목소리가 크다. 특히 공공장소에서 큰 목소리로 말을 하는 경향이 있다. 결혼한 여자의 목소리가 큰 경우 아이를 기르다 보니 목소리가 커진 모양이라고 이해해 주지만, 혼자 사는 여성의 목소리가 큰 경우 드세거나 저래서 혼자 산다는 말을 듣기 십상이다.

또한 같은 내용의 말이라도 언성을 높일 때와 낮출 때 상대방이 받는 인상은 천지차이이다. 특히 나의 의견을 표명하는 경우, 그 의견이 다른 사람들과 다르거나 반대되는 경우 목소리를 낮추어 말하는 것이 훨씬 효과적이다.

말의 속도를 조절하는 것도 필요하다. 똑같은 내용도 말의 속도에 따라 감지되는 느낌은 상이하다. 상대방이 내용을 파악할 수 있도록 천천히, 차분하게 말하는 것이 좋다. 싸우는 장면을 연상해 보면 쉽다. 싸울 때 사람들은 목소리를 높이고 말을 빨리 한다. 따라서 싸우고 싶은 마음이 없다면 이와 정반대로 하면 된다.

말의 크기와 속도를 조절함과 동시에 고려해야 할 것은 의견을 전개하는 방식이다. 혼자 사는 사람들은 독선적이 되기 쉽다. 혼자서 판단하고 결정하는 습관이 자칫 독선적인 성향으로 변질될 수 있기 때문이다.

그래서 더욱 다른 사람의 생각과 판단에 귀 기울여야 한다. 자신이 옳다고 생각하기에 그러한 결정을 내리고 행동하겠지만 자신이 항상 옳을 수 없음을 명심해야 한다.

나의 의견과 상치되는 의견, 받아들이기 힘든 충고를 들었을 경우 무 자르듯 단칼에 부인하거나 거절하기보다는 좀더 생각해 보겠다고 하는 것이 바람직하다. 그리고 실제로 심사숙고해 보는 것이 좋다. 그러한 과정을 통해 그 의견을 수용할 수도 있고, 미처 하지 못한 생각이 떠올라 새로운 돌파구로 삼을 수도 있다.

결혼한 사람들은 시부모님을 모시기도 하고 시누이나 동서와의 관계에서 평소 말조심을 하며 살게 된다. 그러나 혼자 사는 사람들은 평소 이러한 눈치를 보지 않아도 된다. 하고 싶은 말은 하며 사는 사람들이다.

따라서 말이 매우 지시적일 수 있다. 특히 가르치는 직업에 종사하고 있는 사람들은 다른 사람에게 이야기할 때 마치 학생을 가르치듯 대하는 경우가 있으니 더욱 조심해야 한다.

표현도 다듬어야 한다. 같은 상황에서 아름답게 표현하는 사람이 있고 정떨어지게 표현하는 사람이 있다. 이를 기분좋게 경험한 일이 있었다.

1월 1일 아침에 일어나니 난이 꽃을 피웠다. 꽃 봉우리가 맺히고도 꽃을 피우지 않아 이제나저제나 기다렸는데 새해 아침에 꽃을 피운 것이다. 그 모습이 무척 예뻐 전에 오시던 도우미 아주머니에게 새해 인사도 할 겸 사진으로 보냈다. 그런데 근사한 답장이 왔다.

"교수님은 새해에 난꽃에게서 세배를 받으셨네요."

나는 그 문자를 오래도록 읽었다. '난이 피었네요. 예쁘네요'라고 말할 수도 있는데 아주머니는 말 한마디로 시와 같은 여운을 남기셨다. 말이란 이런 것이다.

혼자 사는 사람은 일반적으로 대화가 부족할 수 있다. 그렇기에 사람을 만나면 말이 많아질 수 있고 대화를 나누기보다는 혼자 떠들 수가 있다. 이 또한 조심해야 할 일이다. 대화란 주고받는 것이다. 그리고 대화의 소재는 서로에게 관심이 있고 도움이 되는 것이어야 한다. 나의 신변잡기 이야기를 좋아할 사람은 별로 없다.

혼자 살수록 멋있고 고상하게 나이가 들어가야 한다. 그렇지 않을 때 더 초라하게 보일 수 있고 남들이 쉽게 보고 함부로 대할 수가 있다.

부모님의 빈자리는 크다

"이제 고아가 되었습니다."

나이 예순이 다 된 지인이 어머니 장례를 치르고 만나 한 첫 소리였다. 쉰에 이미 고아가 되었던 나는 이렇게 응수했다.

"이제 그리 되셨습니까? 매우 불쌍해 보이십니다."

위로의 점심을 끝내고 돌아오면서 나이가 몇이 되었든 부모님을 여읜다는 것은 자식의 입장에서는 고아가 된 느낌이라는 데 동감하였다. 특히 배우자 없이 혼자 사는 사람에게 부모의 빈자리는 더 크게 느껴지기 마련이다.

결혼한 형제들에게는 식구 중 한 분이 돌아가신 것이지만 결혼하지 않은 사람에게는 유일한 가족이 떠나가신 것이기에 부모님 중 마지막 한 분의 죽음의 파장은 넓고 깊고 또 오래간다. 딱히 무얼 해주어서가 아니라 그저 그 자리에 계셔준 것뿐인데도 막상 떠나시고 나면 그 자리가 크게 느껴진다.

매일 드리던 문안인사를 할 데가 없고, 의논 드리고 싶은 일이 있는데 계시지 않음을 깨닫게 될 때 먹은 나이와 상관없이 고아가 된 것을 실감하게 된다. 그리고 가족의 의미를 되새기게 된다. 시간이 약이라고 하지만 시간이 지나도 그 빈자리는 크게 다가온다.

3, 40대 한창 일하는 미혼 여성들이라면 중견 간부로 승진하기 위해 건강을 해치면서까지 노력하는 경우가 많다. 윗사람 비위 맞추고, 나이 차이가 많지 않은데도 이해 불가능한 신입사원들을 달래가면서 일하자니 힘이 들 수밖에 없다. 이렇게 일에 치어 정신없이 살다보니 이 시기에 꼭 해야 할 것들을 놓치기 쉽다.

놓쳤다는 것을 깨달았을 때는 이미 늦은 경우가 허다하다. 그럴 때면 나는 지금까지 무엇을 위해 이리 바삐 살아왔는가 하는 허무함이 밀려들기 마련이다. 결혼한 사람들은 이런 순간 그들을 에워싸고 있는 가족을 보며, 성장한 자녀들을 보며 헛살지는 않았다는 느낌에 허무함을 상쇄하기가 더 쉬울 것이다.

자기 인생에서 무엇이 중요한지 성찰해 삶의 우선순위를 정해놓고 살라고 선배들은 충고한다. 충고를 들을 때에는 동의하지만 실천은 별개의 과제로 남는다. 이러한 성찰은 한 번에 그치는 것이 아니라 살아가는 동안 계속되어야 하지만 그러기가 쉽지 않다. 일하다 보면 급한 것이 많기에 당장 처리해야 할 것에 집중하게 되고 그러다 보면 중요한 것이 뒤로 미루어지곤 하기 때문이다.

혼자 사는 여성일수록 부모와의 관계가 중요하다. 부모를 선택할 수 있는 사람은 이 세상에 아무도 없다. 부모는 일방적으로 우리를 태어나게 하고, 성씨도 물려주고, 소속 국가뿐만 아니라 신분이나 환경까지도 고스란히 물려준다. 이러한 부모를 후광 삼아 이 세상에서 더 나은 위치에 좀더 빨리 도달해 평생을 그 그늘 아래에서 살아가는 사람도 있다. 그런가 하면 유명하지도 명예나 학식이 있지도 않지만, 생각할 때마다 푸근하고 지칠 때마다 안기고 싶은 늘 고향 같은 부모도 있다.

그러나 불행하게도 부모를 원망하며 살아가는 사람들도 있다. 차라리 살아계시지 않는 것이 더 좋겠다고 생각하지만, 외면하고 싶은 부모의 일면이 나 자신에게서도 보일 때면 마치 도망가다 막다른 골목에 당도한 듯 참담한 심정이 들기도 한다.

부모와 어떤 관계에 있든 부모와의 관계는 끊을 수가 없다. 이렇게 끊을 수 없는 관계라면 잘 맺어보는 것이 바람직하다는 것도 알지만 실천이 되지 않으니 더욱 답답하다.

좋은 관계 맺기가 힘들다면 적어도 증오와 불만을 키워가는 것만은 차단하도록 노력하는 것이 필요하다. 불평이 간혹 내 자신, 내 일생을 송두리째 불행하게 만들 수도 있기 때문이다.

관계 개선을 위해 일부러 부모를 외면하는 경우도 있다. 만나서 다툴 바에야 차라리 보지 않는 것이 더 나을 수도 있다. 그러나 부모와 원수 같은 관계가 아니라면 살아계실 때 가급적 많은 시간을 가지고 대화를 나누는 것이 좋다. 대화가 안 되면 부모님의 넋두리를 그냥 들어드리기만 해도 된다. 부모님은 우리가 이해해 드려야 하는 대상이지 비판의 대상이 아니다.

　미국에서 9 · 11 사건이 있었을 때 통신사들은 사망자들의 번호를 계속 남겨두고 음성 메시지나 문자 메시지를 보관하기로 결정했다. 이는 남은 가족들을 위한 배려였다. 아버지나 어머니를 잃은 자녀, 자식을 잃은 부모, 배우자를 잃은 사람 중에는 매일 전화를 걸어 메시지를 남기거나, 망자가 남기고 간 음성 메시지를 들으며 위로받는 경우가 적지 않았다.

　부모는 우리를 마냥 기다려주지 않는다. 살아계실 때 가능한 한 자주 뵙고 그동안의 삶의 이야기, 가족의 이야기를 설사 이미 수백 번 들어온 것일지라도 끈기 있게 들어드린다면 그 또한 후에 좋은 추억이 될 것이다.

요리를
할 줄
안다는 것

어버이날에 학생들에게 부모님께 저녁식사를 직접 만들어
대접하기를 제안했다. 과제로 내준 것은 아니고 할 수 있
는 사람만 해보라고 했다.

　제안 설명을 듣는 학생들의 표정이 묘하게 변하는가 싶
더니 그중 용기 있는 한 명이 말을 꺼냈다. 직접 저녁을 만
들어 부모님께 대접하고 싶고 그렇게 하면 부모님이 매우
좋아하시겠지만 할 줄 아는 음식이 라면밖에 없다는 것이
다. 그 말이 끝나자 다른 학생들도 자기가 할 줄 아는 음식
을 말했는데, 스파케티라는 말이 나오자 모두 "우~" 하며

놀라움을 표시했다.

그렇구나, 요즘 학생들은 공부하느라 부엌에 들어가 음식을 해보지 못했구나 하는 생각이 들어 아쉬웠다. 요즘엔 대개 아파트에서 살 텐데, 아파트 부엌은 예전과는 비교가 안 되게 편리해 옛사람들이 보면 요즘 부엌일은 부엌일도 아니라고 했을 것이다.

요리를 할 줄 안다는 것은 인생에서 중요한 일이고 살아가는 데 많은 도움이 되는 기술이니 방학 때 음식하는 법을 배우라고 충고하는 것으로 수업을 끝냈다.

요리할 줄 모르는 것은 자랑할 일이 아니건만 어느 누구도 요리 못 하는 것을 부끄럽게 여기지 않는다. 옛날 할머니들은 말씀하셨다. 그 어려운 공부도 했는데 요리를 왜 못 하겠느냐고. 하지만 요리란 해보아야 할 수가 있는 법이다.

조카들을 보면 요리의 출발은 설거지였다. 아들만 둘을 둔 큰언니는 아이들에게 설거지를 맡기고는 했다. 음악을 틀어놓고 리듬에 맞추어 설거지를 하는 조카들의 모습은 혼자 보기에 아까울 정도로 신나고 재밌는 광경이었지만, 조카들이 설거지를 하고 나면 누군가는 뒷설거지를 해야 했다. 그러나 시간이 지남에 따라 뒷설거지가 필요없을 정도로 조카들의 설거지 솜씨는 꼼꼼하고 능숙해졌다.

그렇게 시작한 부엌일이 설거지를 넘어 요리로 발전해 나갔다. 방학 때 엄마가 외출하여 자기네끼리 집에 있을 때 알아서 점심도 해 먹곤 했는데, 먹고 남긴 것을 맛보면 제법 그럴싸했다. 그러고는 슬슬 엄마가 있을 때도 요리할 때 옆에 와서 도와주기 시작하더니 자기들이 직접 음식을 해 먹기 시작했다.

어느새 조카들은 나와 요리에 대해 이야기해도 막히거나 지루한 것이 별로 없었다. 심지어 나는 조카에게 요리잡지 1년 구독신청권을 생일선물로 주기도 했다.

맥주도 직접 만들었다. 한번은 초밥 만드는 법을 요리사에게 배우던 나를 따라 함께 배우더니 신혼여행 갈 때는 자기가 쓰는 칼을 챙겨가기도 했다. 신부에게 직접 요리를 해주겠다는 계획이었다. 요즘같이 공항 검색이 철저하지 않았기에 가능했던 일이다.

또 다른 조카는 아이가 생기자 토요일은 아빠가 아침밥 만드는 날로 정해놓고 아이와 함께 아침식사 준비를 한다. 영화 『크래머 대 크래머』를 연상케 하는 모습이지만 조카는 영화 속 더스틴 호프만이 연기했던 주인공과는 다르게 어색해하는 구석 하나 없이 아주 능숙하다.

이제 조카들이 나보다 요리를 잘해서 오히려 내가 그들에게서 배운다. 추수감사절 칠면조 요리가 조카들의 몫이 된 지는 이미 오래다. 언니나 나보다 더 잘 만든다. 매해 새로운 요리법을 시도하는데 언제나 맛이 기가 막히다. 주변의 칭찬에 힘입어 지난 추수감사절에는 다른 사람들의 주문까지 받아 무려 열 마리의 칠면조를 요리했다고 한다. 조카며느리는 보조요리사로, 언니는 보조요리사의 보조로 활약했다며 사진을 보내오기도 했다.

자기가 먹는 음식을 스스로 만들어 먹지 못한다면 한 인간으로서 제대로 사는 것이라 할 수 있겠는가. 그러니 음식을 만들 줄 모른다면 같은 처지인 아빠와 함께 부엌일에 도전해 보는 것은 어떨까? 동기 유발이 제일 중요하니까 어버이날에 아빠에게 앞치마를 선물해 드리면서 권해보자.

함께 앞치마를 두르고 설거지부터 시작하는 거다. 설거지에 익숙해지면 라면을 함께 끓이며, 무엇을 언제 넣으면 더 맛있는 라면이 될지 머리를 맞대고 연구해 보자. 라면 끓이기에 능숙해지면 그다음에는 김치볶음밥, 샐러드 등으로 점점 난이도를 높여 도전해 보는 거다.

그러다 보면 아예 메뉴를 정하고 재료를 준비하고 요리하고 정리하며 한 끼 식사 준비과정 전체를 담당할 수 있는 단계에 도달할 수도 있을 것이다. 이때 엄마들이 각오할 것은 아무 불평 없이 뒷설거지를 하는 일 그리고 좀 맛이 없어도 맛있게 먹어주는 일이다.

그러고 나서는 함께 모여 앉아 그날 부엌에서 초짜들이 벌인 모험의 뒷담화를 안주로 삼아 맥주를 한잔한다면 그보다 더 훈훈한 저녁은 없을 것이다.

식구가 몇 명 이에요?

일인 가정을 꾸려온 지가 어언 40년이 되다 보니 가족과 함께 살아온 기간보다 혼자 살아온 기간이 더 오래되었다. 그래서인지 나는 혼자 사는 것에 매우 익숙해져 있는데, 가끔 그런 익숙함을 깨는 질문을 받고는 한다.

매주 금요일 내가 살고 있는 아파트 단지에는 장이 선다. 마치 시골의 칠일장 같아서 나는 이곳에서 장보기를 즐긴다. 신선한 야채, 과일, 생선, 생활용품, 옷가지, 먹거리 등 장에 나가 한 바퀴 휘둘러보며 필요한 것들을 이것저것 사가지고 온다. 물건이 좋을 뿐만 아니라 배달까지 해주니 나로서는 그저 감사할 따름이다.

어느 날 생선을 파는 젊은 총각이 나에게 민어가 좋으니 두 마리 들여가라고 권해 나는 식구가 없어 한 마리만 사겠다고 하였다. 그랬더니 그 총각이 나에게 왜 식구가 없느냐고 되묻는 것이었다.

순간, 아 그렇지 내가 무심히 이야기를 했구나, 구태여 혼자 산다는 것을 알릴 필요는 없지 하는 생각에 둘러대기 시작했다.

"아저씨는 해외 출장 가셨고…."

하지만 총각은 끈기 있게 물었다.

"아이들은요?"

그래서 한 아들은 유학 가고 또 다른 아들은 군대 갔다며 말을 흐리고는 생선이나 달라고 하였다. 총각은 그제야 납득이 되었는지 그러면 한 마리만 사가지고 가라며 선처해 준 덕분에 무사히 생선 한 마리를 살 수 있었다. 돌아오는 길에 대화를 생각하며 혼자 웃었다.

일주일이 지나 다시 장이 서는 날 나는 또 생선을 사려고 그 총각에게 갔다. 한 마리만 달라 하니, 기억력 좋은 총각은 아저씨 아직 안 돌아오셨냐고 물었다. 순간 나는

'아저씨?'라고 되묻다가 일주일 전 내가 한 거짓말이 생각났다. 그래서 아직 안 왔다고 답하며 어색한 순간을 모면했다.

돌아오는 길에는 아이가 몇이라고 했는지, 딸이 있다고 했는지 기억을 더듬어보았다. 하지만 거짓말이다 보니 식구가 몇 명이라고 말했는지 기억이 나지 않았다.

동창들에게 이 이야기를 들려주니 역시나 현실적인 지적이 돌아왔다.

"얘, 네가 아이를 길러보지 않아 모르는구나. 우리 나이엔 이미 군대는 다 갔다 왔어."

"늦둥이 낳았다고 생각하겠지."

나의 이 궁색한 대답에 동창들은 이렇게 충고해 줬다.

"늦둥이도 너무 늦둥이이지. 다음부터는 모두 결혼해서 분가시켰고 아저씨랑 둘이 산다고 해."

일인 가정이 흠이 될 이유는 없지만 가끔은 혼자 사는 것을 노출하기 꺼려질 때가 있다. 전자제품이나 집을 수리하러 오는 사람들에게 혼자 살고 있다는 것을 공지할 필요는 없고, 또 혼자 있을 때 사람을 부르기가 꺼려져서 그런 날에는 도우미 아주머니를 오시게 하고는 한다. 그러나 항상 그럴 수 있는 것은 아니기에 현관에 형부나 남자 조카의 헌 구두를 놓아두기도 한다.

그런데 어느 날 세탁기를 고치러 온 사람이 집에 왜 가족사진이 한 장도 없느냐고 묻는 것이었다. 세탁기나 고치고 가지 웬 말이 저리도 많을까? 나는 속으로 중얼거리면서 "나이 들어 보슈, 집에 이것저것 놓는 것이 귀찮아진다우"라고 대꾸했는데 아무래도 내 대답이 불충분했던 것 같았다. 언니네 가족사진이라도 꺼내놓아야 할 것 같다.

미국에서 살 때에는 이러한 고민을 하지 않았다. 물건을 고치려고 왔으면 물건만 고치지 사적인 것을 물어보는 것을 결례라고 생각하는데, 우리나라에서는 그러한 질문을 하는 것이 친절한 서비스에 포함되는 듯하다. 때로는 결혼하지 않았다고 솔직히 답하기도 하는데 그러면 꼭 왜 결혼하지 않았느냐고 물으니, 짜증이 나 찬물이라도 끼얹고 싶었지만 요즘처럼 아이스버킷이 유행하던 때도 아니어서 공연히 얼음물만 들이켜곤 했다.

가끔 언론에서 혼자 사는 여자 집만 털어왔다는 도둑의 이야기를 듣고는 한다. 그만큼 이 사회에서 여성이 혼자 산다는 것은 취약점이 된다는 이야기이다. 혼자 산다는 것을 동네방네 광고할 필요는 없지만 좋은 이웃들과는 가깝게 지내는 것이 도움이 된다. 여행으로 집을 비울 것이라고 하면 대신 우편물을 거둬주기도 하고, 단수된 날은 물을 나눠주기도 한다. 그러다 보니 고마운 마음에 먹을 것을 나누기도 하며, 시골에 사는 사람들처럼 음식 담긴 접시가 오가기도 한다.

세탁소, 자동차정비소는 단골을 정하는 것이 좋다. 세탁물이 항상 한 사람 것뿐이기에 세탁소에는 일인 가구라는 것이 알려질 수밖에 없다. 이런 경우 가족이 있는 행세를 하기보다는 사실 그대로 노출하고 그분들을 잘 대해드려 좋은 사이가 되는 것이 중요하다.

대부분의 여성들이 잘 모르는 분야가 자동차이다. 따라서 자동차정비소도 단골 가게를 만들어두고 항상 그곳에서 정비를 받는 것이 내 자동차에 대한 모든 기록이 있기에 도움이 된다.

이외에도 단골 컴퓨터 수리점을 정해놓는 것도 좋다. 필요한 때 전화로 도움을 받아 문제를 해결할 수도 있고 마음 놓고 서비스를 부탁할 수 있기 때문이다.

그런데 이때 중요한 것이 절대로 값을 흥정하지 않는다

는 것과 외상을 하지 않는다는 것이다. 얼마를 부르건 조금 비싼 듯해도 부르는 값을 그때그때 아무 말 없이 다 치르는 것이 현명하다. 그렇게 하다 보면 절대로 값을 흥정하지 않는 사람이라는 것과 꼬박꼬박 돈을 지불한다는 것을 알게 되기에 그 이후로는 받을 만큼만 값을 부르게 된다. 단골손님이라는 인상이 심어지면 웬만한 것은 무료로 서비스를 해주는 것이 아직 남아 있는 우리네 인정이기도 하다.

차가운
인상은
보호색

구름이 아름다운 그림을 그려놓은 푸른 하늘을 경비행기가 날고 있다. 초원과 하늘뿐 어디를 보나 삭막한 건물은 하나도 없다.

『동물의 왕국』에서나 보던 탄자니아 세렝게티 국립공원 위에서 나는 이것이 꿈이 아니고 생시인 것을 감사했다. 나에게도 이런 순간이 주어지는구나!

『동물의 왕국』을 보면서 나는 한 번도 승자의 입장이 되어본 적이 없었다. 그래서 하이에나, 사자, 악어 등이 다른 동물을 잡아먹을 때 나는 승자의 쾌감보다는 잡아먹히는 희생자의 입장이 되어 왠지 내 목덜미가 물어뜯기는 느낌을 받고는 했다.

그건 아마도 영악하지 못하고 어수룩하고 병약해 항상 뒤처지던 어린 시절의 내가 투영되어서일 것이다. 그래서 무리에서 뒤처져 잡아먹히는 동물이 꼭 나의 모습 같았다. 치열한 경쟁과 거리를 두고 살고 싶은 것이 그동안 나의 솔직한 심정이었고 한편으로는 내 삶의 태도였다.

무사히 경비행기가 착륙한 후 사파리 전용차를 타고 숙소로 향했다. 얼마를 달렸을까? 안내자가 카메라와 망원경을 꺼내 2시 방향을 보라고 하더니 이어 10시 방향을 보라고 했다. 나의 고개는 360도 회전을 시작했다. 보고, 확인하고, 망원경과 카메라를 돌려가며 들이댔다. 그런 나에게 동물들은 나는 한가로이 산책하는데 멀리 한국에서 온 당신은 뭐가 그리 바쁘냐, 그냥 편안히 자연을 감상하라고 말하는 듯했다.

적응이란 놀라운 것이었다. 나는 곧 안내자의 설명 없이도 여기저기 흩어져 있는 동물을 찾아내기 시작했다. 3시 방향, 이름은 모르지만 동물이 있다고 소리치니 안내자는 올리브개코원숭이라고 알려줬다. 11시 방향, 뛰어가는 동물이 보인다고 하니 임팔라영양이라는 대답이 돌아왔다.

안내자는 차를 세우고 엔진을 끄더니 저 멀리 나무 밑에서 잠자고 있는 어린 사자를 보라고 했다. 마른 풀 색깔이 비슷해서일까 잘 보이질 않았다.

동물의 세계에서는 넓고 넓은 초원에서 살아남기 위해 보호색을 쓰는 예를 많이 볼 수 있다. 그런데 보호색은 인간사회에서도 필요한 것 아닐까?

우리도 저마다의 보호색을 쓴다. 그것은 언어일 수도 있고, 행동일 수도 있고, 표정일 수도 있다. 특히 혼자 사는 여성인 경우 나름대로의 보호색이 필요하다. 그냥 마음 좋게 행동하다 보면 만만하게 보는 사람이 많아지기 때문이다. 그런 일을 당하면 억울하고 어처구니가 없다.

나는 사귀고 나면 따뜻한데 첫인상은 매우 차서 말도 붙이기 어려웠다는 이야기를 자주 듣는다. 흰머리가 주는 찬 인상에 또박또박 말하는 말씨까지 깍쟁이의 전형이라고 말한다. 아마도 그것은 나의 보호색일 것이다.

어려서부터 사람을 많이 대하는 환경에서 성장했기에 나는 낯선 사람에게 말을 거는 것이 어색하지 않았다. 어떤 상황에서든지 외톨이 같은 사람, 어색해하는 사람에게 먼저 말을 거는 게 익숙했다. 일종의 환경이 빚어준 인성이다.

그런데 그런 나의 행동이 자주 오해를 사고는 했다. 상대가 이성일 때 내가 자기를 좋아해서 말을 거는 것으로 착각하는 경우가 많았다. 그래서 어느 정도 나이를 먹은 다음부터 내가 먼저 말을 거는 것은 자제했다. 그러나 말을 걸어오는 경우 편하게 대꾸를 해주었다.

그런데 이때도 문제가 발생한다. 잘 대해주다 보면 남자들은 꼭 선을 넘어 묻지 말아야 할 것을 묻는다든지 하지 말아야 할 말을 해서 나를 순식간에 얼음으로 변하게 만들었다. 상대방이 무언가 착각하고 있다는 것이 느껴지면 방어본능의 방아쇠가 당겨지고 만다. 그러면 나에게서는 '무한 리필'의 찬바람이 쌩쌩 불기 시작한다.

이때 상대방은 당황한다. 하지만 나의 차가움은 쉽게 녹아내리지 않는다. 나는 주책스런 남자, 가깝게 지내지 않는 것이 좋은 남자, 느끼한 남자, 요주의 인물 등 나름대로 명명해 기억 속에 저장해 둔다.

이런 일이 자주 발생하다 보니 언제부터인가 내 첫인상이 차가워진 듯하다. 필요할 때에만 차갑게 보여도 되는데 수위 조절이 되지 않아 1년 내내 사시사철 차가운 인상을 주고 있다.

젊을 때에는 젊기에, 결혼하지 않았기에 이런 말을 듣나 보다며 시간이 지나 나이를 먹으면 괜찮아질 줄 알았는데 얼마 전 일흔이 다 되어가는 나이에 어처구니없는 질문을 받고 보니 이는 나이에 국한되는 것이 아니라는 생각이 들었다. 그래서 나이 들어 좀더 여유 있고 푸근하게 보이려던 나의 노력은 다시 자라 모가지가 되어 사라져버렸다.

역시 독신 여성에게 보호색은 꼭 필요한 듯하다.

수입보다
지출이
중요하다

요즘 언론에서는 노인의 경제력 내지는 경제활동에 대한 보도를 자주한다. 화면에 비친 궁색한 노인들의 모습은 보는 사람을 우울하게 만든다. 외면하고 싶지만 현실이고 내 또래의 문제이기에 쉽게 고개가 돌려지지 않는다.

　노후 연금수령액을 미리 계산하여 'No'후가 아닌 'Know'후를 살라는 메일을 받기도 하였다. 연금만으로는 살기가 힘들다며 노후대책을 세우라고 권한다. 좋은 조언이다. 그러나 오늘을 살아내기 힘든 사람들에게 노후대책은 생각에 그칠 뿐 실천에 옮기기 어려운 과제다.

과연 얼마가 있어야 편안한 노후를 보낼 수 있는 것일까도 답하기 어려운 문제다.

음식을 먹을 때 부족하거나 과하면 우리 몸은 신호를 보낸다. 음식이 필요하면 허기를 느껴 음식을 섭취하게 되고, 과식하면 속이 불편해지고 심하면 토사곽란에 시달려 먹지 못하게 된다. 그래서 과식한 것을 후회하고 섭취하는 음식량을 적당히 유지하기 위해 신경 쓰게 된다.

돈에 대해서도 이와 같은 신호가 있다면 사람들이 욕심 부리지 않고 자족하며 살 수 있지 않을까 생각해 본 적이 있다. 그런데 돈에는 그런 게 없다. 얼마가 적당량인지 모르니 일단 욕심을 부리면 끝이 없다.

죽을 때까지 얼마의 돈이 있으면 되는지 모르기에 돈을 쓰지 않고 긁어모으기만 하는 사람도 비일비재하다. 돈이 있는 사람은 돈이 많아 다 못 쓰고 죽고, 돈이 없는 사람은 돈이 없어 못 쓰고 죽는다.

내가 몇 살까지 살 것인지, 미래의 경제가 어떨지 정확히 예측할 수 있다면 노년에 내게 필요한 돈의 액수를 산출해 낼 수 있을지도 모르겠다. 그런데 내가 몇 살까지 살다 죽을지 모르기에 노후를 위한 돈이 정확히 얼마면 되는

지는 아무도 모른다.

그렇기는 해도 혼자 사는 사람일수록 돈 관리에 신경 써야 한다. 나이 들어 건강을 잃으면 나를 돌봐줄 사람이나 기관이 필요한데 무료로 들어갈 수 있는 시설은 제한되어 있으니 돈으로 해결해야 하기 때문이다.

경제에 대한 해박한 지식이 없어도 알 수 있는 것은 아무리 수입이 많다 해도 지출이 수입을 초과하면 잔고는 곧 바닥난다는 것이다. 따라서 지출보다는 수입이 많아야 하는데 수입은 나의 자유의지로 결정되는 것이 아니지만, 지출은 나의 노력으로 통제될 수 있다. 잘 버는 것보다는 잘 쓰는 것이 중요하다.

독신 여성 중 고소득층에 속하는 사람이 얼마나 되는지 모르겠다. 대개는 대여 장학금으로 공부하고, 대출로 필요한 것들을 장만하고, 부모나 동생들을 돌보느라 저축할 여력이 없었을 것이다.

고소득층, 특히 고액 연봉자 '골드미스'라 해도 내일의 보장은 없다. 내일이라도 물러나라고 하면 물러나야 한다. 그래서 항상 불안하다. 더 이상 승진이 어려울 것 같아 다른 직장을 물색해 봐도 수평이동은 불가능하다. 이제 고액 연봉자 자리에서 내려와야 함을 실감한다. 그런데 어디까지, 어느 수준까지 내려가야 할지 모른다.

연봉뿐만 아니라 퇴직금이나 연금에서도 차이가 많이 난다. 이런 날이 이렇게 빨리 올 줄 알았다면 좀 절약할걸 그랬다는 후회도 생긴다. 그렇지만 후회도 잠시, 그저 남들이 하는 대로 나도 하며 살았다는 합리화를 하게 된다.

동료들처럼 점심시간에는 직장 근처 음식점을 순회했다. 힘들게 일하는데 이 정도의 점심은 먹을 권리가 있다고 생각했다. 그리고 유명한 커피집에 들러 점심값 못지않은 가격의 커피를 마시고는 했다. 퇴근 후에는 나름대로 만날 사람도 많았고 자연히 저녁식사도 밖에서 해결했다. 가끔은 와인이나 맥주, 소주도 마셔가면서. 이러한 것을 누릴 수 있는 내가 좋았다.

동료들처럼 대출해서 외제차를 샀고, 명품 옷과 가방 그리고 이에 어울리는 장신구를 하고 다녔다. 직위에 맞는 품위 유지라 생각했다. 친구가 오피스텔로 이사했다고 해서 가보았더니 참 마음에 들었다. 부러워하는 모습을 본 친구는 대출 방법 등을 알려주었다. 그래서 그 친구 동네로 이사를 했다. 대출한 액수가 만만치 않았지만 연봉이 고액이니 곧 갚을 수 있다는 생각에 별로 부담이 되지 않았다. 그리고 무엇보다 출퇴근 시간이 많이 단축되어 좋았다.

이렇게 남들이 하는 대로 했다. 더 사치를 한 것 같지 않다. 그런데 수입이 줄어드는 상황이 예상보다 빨리 왔다. 그렇다고 현재 누리고 있는 그 어느 것도 포기할 것이 없어 보인다.

지금부터라도 절제의 습관을 길러보면 어떨까? 있을 때 아끼는 것은 절제라고 말할 수 있지만 없어서 쓰지 못하는 것은 절제라 하지 않는다. 그리고 있어도 안 쓰는 것과 없어서 못 쓰는 것과는 정신적으로 받는 스트레스에 큰 차이가 있다.

미국에서 새집을 장만했을 때 나는 당분간 나 자신을 치장하는 것에는 돈을 쓸 수 없었다. 대신 집에 필요한 물건들을 장만했다. 신문을 보아도 옷이나 장신구 세일 광고보다는 고무호스, 잔디 깎는 기계, 눈 치우는 장비 등으로 눈이 갔다. 이렇듯 우선순위를 정해 소비하는 것이 절제의 좋은 방법이다.

꼭 있어야 되는 것인지, 있어도 되고 없어도 되는 것인지 유별하는 것도 도움이 된다.

　식생활에 있어서도 기준을 마련한다면 절약할 여지가 있다. 외식보다는 집밥이 경제나 건강에 도움이 된다. 처음에 필요한 양념 등 기본 재료를 다 구비해야 할 때에는 경비가 더 들어간다는 생각이 들 수도 있지만, 길게 생각할 때 더 저렴하게 더 건강하게 먹을 수가 있다.

　사실 우리나라의 커피는 매우 비싸다. 커피 두 잔 값으로 원두를 사서 직접 내려 마시면 보름 정도는 마실 수 있다.

　음악회를 한 달에 두 번 갔다면 한 번으로 줄이고 나머지 금액으로 적금을 들 수도 있다.

　비교적 근래에 나타난 현상으로 소위 '조카 바보' 집단이 있다. 결혼하지 않은 사람들이 어린 조카에게 사랑을 쏟는다. 그런데 사랑만 쏟는 것이 아니라 선물도 함께 쏟는다. 부모는 비싸다고 사주지 않는 장난감을 척척 사서 안긴다. 언제까지, 얼만큼 조카들이 원하는 것을 사줄 수 있다고 생각하는가? 조카 사랑에도 절제가 필요하다.

　돈을 남에게 꾸어주거나 보증을 서서 모아놓은 돈을 날리지 않는 것도 절약 못지않게 중요하다. 혼자 살기에 지출이 많지 않아 여윳돈이 있을 거라 여기고 돈을 꾸어달라거나, 자기가 하고 있는 사업에 투자하면 몇 배로 늘려주겠다거나, 투자를 관리해서 큰 이문을 남겨주겠다는 제안을 받는 일이 생긴다. 이런 제안들은 큰 욕심 부리지 말고, 유혹되지 말고 냉정하게 모두 거절하는 것이 좋다.

이러한 제안을 해온 사람이 오래 사귀어 온 친구라면 돈으로 인해 친구를 잃지 않기 위해서, 또 잘 아는 사람이 아니라면 잘 알지도 못하는 사람이 나의 재산 늘리기에 도움을 주려 한다는 것은 석연치 않은 일이기에 거절해야 한다. 이럴 때 냉철하게 생각하고 과감히 결정하지 못하면 노후대책으로 마련한 자금을 대책 없이 날려버리는 일을 당할 수 있다.

지금까지 살아오면서 터득한 사실은 돈이 나를 따라와야지 내가 돈을 따라가다가는 구질구질해지고 또 패가망신하기 쉽다는 것이다. 사람이 돈을 따르다 보면 욕심이 생기고, 부정을 저지르게 된다. 그리고 돈이 없다고 항상 읊조리는 사람은 말버릇처럼 정말 돈이 없게 된다.

부모로부터 받은 상속이 많지 않은 한 혼자 사는 사람은 수입과 지출 그리고 저축 이 삼박자가 맞아야 오랜 기간 동안 일정 수준의 경제적인 여유를 누릴 수 있다.

돈에 대한 생각이나 돈을 쓰는 행태는 천태만상인 듯하다. 세상을 살아가면서 당면하는 문제 중 돈으로 해결할 수 있는 문제는 어찌 보면 가장 쉬운 문제라는 생각이 들 때가 있다. 단, 문제 해결에 필요한 돈이 있다는 전제하에서 말이다.

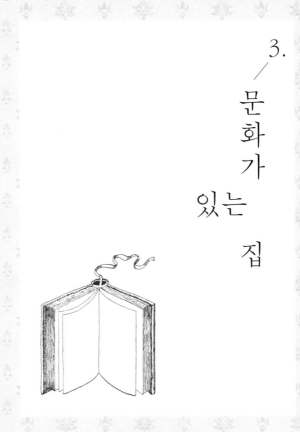

3.
문화가
있는
집

네 집엔
문화가
있구나

어느 날, 나를 이끌어 주신 선생님 내외를 집으로 초대하였다. 밖에서 식사 대접을 한 적도 있지만 한번 내 손으로 직접 음식을 만들어드리고 싶었다. 작은 아파트여서 손님을 초대한다는 것이 주저되기도 했지만 정성껏 대접하고 싶다는 마음이 앞서서 오시게 했다.

집에 오신 선생님 내외는 집을 구경해도 되겠느냐고 묻더니 문이 열린 이 방 저 방을 다니며 좁은 집을 구경하시느라 정신이 없었다. 혼자 지내는 제자가 어떻게 살고 있는지 매우 궁금하셨던 것 같다.

벽에 걸린 그림들을 자세히 들여다보고, 색다른 물건은 한참을 살피다 만져도 보고, 책장에 꽂혀 있는 책들도 전부 훑어보셨다. 그동안 어떠한 책을 읽어왔는지 궁금하셨던 모양이다. 그러고는 이런 말씀을 하셨다.

"네 집엔 문화가 있구나."

선생님 내외가 식사를 맛있게 하고 가신 후 홀로 남겨진 나는 내 집을 세밀히 살피며 생각했다. 무엇이 선생님으로 하여금 문화가 있다는 말씀을 하게 한 것일까? 혹시 작은 집을 위로하기 위해 하신 말씀은 아닐까? 값비싼 가구가 있는 것도 아니었다. 직업에 걸맞게 많은 책과 음악 CD, 어느 집에나 있는 컴퓨터 장비, 내가 만든 도자기, 약간의 그림 등이 오밀조밀하게 들어찬 집일 뿐이었다.

나에게 이 이야기를 들은 친구는 선생님의 의견에 전적으로 동의했다. 그러고는 모든 것이 어우러져 나오는 분위기 때문이라고 내 의문에 대한 답을 간단명료하게 정리해주었다. 정리는 되었지만 이해가 된 것은 아니었다.

집은 사는 사람에 따라 분위기가 달라진다. 혼자 사는 사람의 경우 집안 분위기는 전적으로 본인의 취향에 달려 있다.

한국을 떠났다가 다시 돌아오기까지 나는 열 번의 이사를 했다. 가구가 구비된 지하 아파트에서 시작하여 돌아오기 직전에는 새로 지은 3층짜리 타운하우스에서 살았다. 이사할 때마다 책과 부엌살림 도구 그리고 가구가 늘었다. 식구는 늘지 않았는데도 살림은 점점 불어났다.

1970년대 유학생활은 지금과 같이 여유 있는 것이 아니었다. 그래서 한 사람이 공부를 끝내고 떠날 때면 그가 쓰던 그릇은 다른 유학생 집으로 입양이 되어갔다. 초대를 받아 가보면 그렇게 입양되어 온 컵이며 접시의 색깔과 모양이 모두 달라 꽃밭 같았다.

손님을 초대할 때도 수저가 부족하다며 각자의 것을 들고 오라는 주문을 할 때도 많았지만 누구도 이를 창피해하지 않았다. 궁색하기 그지없었지만 모두에게는 학위를 받은 후의 꿈이 있었다.

그러다 취직하면서부터 서서히 유학생활 티를 벗고 살림 도구의 구색을 갖추어나가기 시작하였다. 그때 나는 한 가지 원칙을 세웠다. 유명 메이커의 것은 사지 않는다. 솔직히 말하면 살 능력이 되지 못해 좀더 현실적인 구매 결정을 하기로 한 것뿐이다.

유명 메이커의 식기류는 값이 비쌌다. 많은 돈을 주고 그릇 하나를 마련하기보다는 저렴하고 디자인이 좋은 것을 마련하고 나머지 돈은 식료품에 투자해 좋은 음식을 담아 즐기자는 것이었다. 그리고 색은 흰색으로, 무늬는 없는 것을 골랐다. 어차피 음식을 접시에 담으면 화려한 무늬는 가려지고 만다. 그리고 음식에 장식할 경우 흰 접시가 오히려 돋보일 수 있다.

그러나 커피 잔과 찻잔은 화려한 것으로 구입했다. 잔은 많을수록 좋다는 생각에 마음에 드는 것을 보면 바로 구입했다. 또 필요한 그릇이 있으면 한꺼번에 장만하지 않고 신문에 세일 광고가 나면 부리나케 가서 돈 되는 대로 원하는 그릇을 샀다. 세일이 아닐 때는 절대 사지 않았다.

그릇 외의 살림도구는 전체 색을 고려해서 미리 색상을 정하고 그에 맞춰 하나하나 구입했다. 그 편이 통일성이 있어 좋다고 생각했다. 물론 소품은 다른 색깔의 것을 구입해 악센트로 삼을 수 있으나 감각이 뛰어나지 않다면 이런 실험은 삼가는 것이 좋다.

이렇게 하나하나 즐기며 장만하였기에 그간 마련한 살림도구들은 지금까지도 사용하고 있고 아직도 보기 좋다.

25년이 된 선풍기를 보고 사람들은 어디서 이렇게 근사하고 날씬한 선풍기를 구입했느냐고 묻는다. 40년이 된 우산도 있다. 이 우산은 우산살은 아직도 멀쩡한데 하도 오래 사용해 보슬비처럼 비가 샌다. 그런데도 나는 그것을 구입했을 당시를 회상하며 버리지 못하고 있다.

그렇다고 필요한 모든 것을 다 갖춰놓고 사는 것은 아니다. 게다가 나이를 먹어 이제는 슬슬 이 정든 것들을 정리하기 시작해야 할 시점에 이른 듯하다.

결혼 초부터 시어머니께서 살림을 해오셔서 주부 경력 40년이 넘었어도 아직 자기 살림을 하는 것 같지 않다는 친구가 있다. 그래서 자기 집인데 자기 집 같은 기분이 들지 않는단다. 친구는 평생을 남의 집에 얹혀산 듯 살아온 것이다.

이와는 달리 혼자 사는 여성들은 자기만의 가정을 자유롭게 꾸며나갈 수 있으니 얼마나 좋은가? 그 속에서 자기만의 문화를 만들어간다면 그 삶은 더욱 풍요로워질 것이다.

내가 낳은
딸이지만 꼭
서양여자 같네

"어머니, 회사 다녀오겠습니다."

어느 날 안방 문을 열고 인사를 드리니 어머니는 나를 쳐다보고는 이렇게 말씀하셨다.

"얘, 분명 내가 낳은 딸이지만 네가 모자를 쓰니 꼭 서양 여자 같구나."

그러고는 아버지를 쳐다보셨고 아버지께서는 왜 나를 쳐다보나 하는 표정을 지으셨다. 순간 세 식구는 한바탕 웃었다.

가운데 가르마의 긴 생머리였던 나는 겨울에 모자만 쓰

면 서양여자 같다는 이야기를 자주 들었다. 요즘도 겨울철이 되면 나는 서양여자가 되어버린다.

한번은 어느 모임에서 나의 조상이 화제가 되기도 했다. 아무래도 조상 중에 서양에서 온 사람이 있어 피가 섞인 것 같고, 우리 민족이 단일 민족은 아니며, 나를 보면 그것을 확인할 수 있다고들 했다. 이렇게 설득력 있는 설명 앞에서 나는 순식간에 몇 대를 거친 혼혈아가 되고 만다.

나는 우리나라 여성들이 모자를 잘 쓰지 않을 때 모자를 썼고, 선글라스를 끼지 않을 때 선글라스를 끼고 다녔고, 매니큐어를 하지 않을 때 손톱을 예쁘게 칠하고 다녔고, 스카프를 사용하지 않을 때 다양한 스카프로 모양을 내고 다녔다. 그래서 대학 때부터 멋 내는 여대생으로 통했다.

그런데 사실 멋을 내는 데 그렇게 돈을 많이 쓰지 않는다. 앨범을 보면 20년 전에도 똑같은 옷을 입고 웃으며 찍은 사진을 심심치 않게 볼 수 있다. 돈을 쓰기보다는 신경을 쓴다고 말하는 것이 더 정확할 것이다.

매년 유행하는 옷을 한두 벌 사서 교복같이 입다 철이 지나면 버리는 사람이 있는가 하면 옷을 한번 사면 버리지 않고 두고두고 입는 사람이 있다. 나는 후자에 속한다. 그래서 그 옷을 아직도 입느냐는 이야기를 종종 듣는다.

은퇴 후 어느 날 제자들을 만나는 자리에 오래된 옷을 입고 나갔다. 나는 별 생각 없이 입고 나간 옷인데 제자들은 복잡한 표정을 지었다. '저 옷을 아직도 입으시나? 은퇴하셔서 돈이 없으신가 보구나'라고 생각하는 것 같았다. 순간 내가 실수를 했다는 느낌이 들었다. 그래서 다음부터는 제자들을 만날 때 가급적 그들이 학생일 때 입었던 옷은 피한다.

값비싼 옷을 사서 오래 입는다고 생각할지 모르지만 그렇지도 않다. 나에게는 싼 옷을 싸지 않게 입는 재주가 있다. 단골 옷 가게 중에 학교 앞 길에서 티셔츠를 파는 곳이 있다. 처음 그곳에 들렀을 때 주인은 총각이었는데 이제는 결혼도 하고 몇 년 전에는 집까지 마련했다며 자랑을 했다. 그곳은 가게라고 할 수도 없는 것이 길에서 좌판을 펴놓고 파는 노점 같은 곳이다. 그런데 어느 누구도 내가 노점에서 옷을 사 입는다고 생각지 않는다.

거기서 조금 더 걸어가면 단골 스카프 장사가 있다. 주인은 여자인데 감각이 뛰어나다. 그분이 파는 스카프 중에는 눈에 띄는 좋은 것이 많다. 그러나 어느 누구도 나의 스카프를 길거리에서 산 것으로 생각지 않는다. 참 고마운 일이다.

얼마를 주고 구입했건 그것을 어떻게 활용하느냐가 중요하다. 그에 따라 효과는 엄청나게 달라지기 때문이다. 색을 잘 맞출 때 효과는 극대화된다. 따라서 색감이 있어야 한다. 그러면 색을 어떻게 맞춰야 할까?

나는 유명 브랜드의 스카프를 유심히 살펴보면서 착상을 얻는 편이다. 색에 대한 해박한 지식을 갖춘 전문가들이 디자인한 그 스카프들은 상상하지 못한 색의 조합을 배우기에는 아주 좋은 학습자료다. 거기서 쓰인 색 조합을 나에게 맞게 적용할 수만 있다면 꽤 괜찮은 연출을 해낼 수 있다.

스카프는 디자인에서 많은 힌트를 주기도 하지만 그 자체로 무척 유용하다. 대학 시절 모양은 내고 싶지만 경제적인 사정이 여의치 않았다. 그래서 같은 검정 스커트 흰 블라우스일지라도 다양하게 연출하고자 활용한 것이 스카프였다. 스카프는 새 옷보다는 저렴했고 디자인도 크게 유행을 타는 것이 아니어서 두고두고 사용할 수 있다는 장점이 있다. 자주 사용하다 보니 자연히 다양한 방법으로 매어보게 되고 실력이 늘었다.

한번은 대학원 수업을 끝내면서 질문할 것이 없느냐고 하니, 한 학생이 망설이다가 학습 내용에 관한 것이 아니고 오랫동안 여러 학생이 궁금해 오던 것이 있는데 질문해도 되느냐고 물어왔다. 그래서 "네가 총대를 메었니?" 하면서 질문이 무엇이냐고 물었다.

"오늘 스카프를 어떻게 매셨는지 가르쳐주세요."

다른 학생들도 자신들을 대변해 준 이 요청을 매우 반기는 모습이었다. 그래서 스카프를 풀어서 매는 방법을 가르쳐주었다. 여러 방법을 가르쳐주니, 한 번에 한 가지 방법만 가르쳐달라고 했다.

그다음 주 수업 때 가르쳐준 방법으로 스카프를 맨 학생들이 웃으며 앉아 있었다. 그런 그들을 보며 나도 웃었다.

생 일 날 에
고 양 이 가
돼 버 린 나

어느 날 잡지에 실린 광고 하나에 시선이 꽂혔다. 정확한
광고 문구는 지금 생각나지 않지만 대충 이러했다.

"당신은 성공한 전문직 여성, 남의 도움이 전혀 필요하
지 않다. 이런 경우를 제외하고는….."

문구 옆에는 병뚜껑을 열지 못해 쩔쩔매는 여성의 모습
이 제시돼 있었다. 그건 바로 내 모습이었다. 병뚜껑을 쉽
게 열어줄 수 있는 도구에 대한 광고였던 것이다.

나는 다 팔릴세라 재빨리 주문했다. 그렇게 산 것을 얼
마나 오래 사용했는지 모른다. 첫 것이 부러져서 또 주문

을 했는데 그것마저 부러지고 말았다. 지금도 병뚜껑이 잘 열리지 않을 때면 그 도구가 무척 아쉽다.

일상에는 병뚜껑 따는 일 말고도 도구가 있어야 해결되는 일들이 많다. 이런 일들을 혼자 처리하다 보니 이런저런 공구를 사들이게 되었다.

어느 날 나는 그동안 사 모았던 모든 공구를 실내 장식하는 사람에게 주었다. 어떻게 여성이 이런 공구까지 가지고 있냐고 놀라면서도 쓸모 있는 공구에 마음이 팔려 좋다며 받아 갔다. 나는 그 사람에게 앞으로 우리 집에 고쳐야 할 것이 있을 때 직접 고칠 수 있는 것은 고쳐주고 사람을 소개해야 할 때는 소개해 주어야 한다고 다짐을 받았다.

결혼해서 살건 혼자 살건 혼자서는 해결할 수 없는 일과 맞닥뜨리기 마련이다. 병뚜껑이 안 열릴 때, 전구가 나갔을 때, 하수구가 막혔을 때, 방금 전까지 잘 나오던 TV가 이유 없이 나오지 않을 때, 컴퓨터 화면이 갑자기 까맣게 변하고 자판을 아무리 눌러봐도 먹통일 때, 이럴 때는 다른 사람의 도움이 필요하다.

이런 일이 생기면 결혼한 사람들이 부러워진다. 하지만 결혼한 여성들에 의하면 이런 일을 척척 할 수 있는 남편은 그리 흔치 않다니 기대는 접는 것이 좋겠다. 남편이 있는데도 내가 해결해야 한다면 어떤 면에서는 더 속이 터질 것 같다.

돈으로 다 해결할 수 있다고 생각하거나 '오빠'에게 부탁하면 된다고 말할 수도 있다. 그런데 돈이 항상 있다는 보장도 없고, 인생의 어느 순간부터는 오빠 역시 연로해서 좋은 해결사가 되어줄 수 없을 것이다.

그 누구의 도움도 받을 수 없는 경우도 있다. 갑자기 집에 쥐나 벌레가 나타났을 때에는 다른 사람을 부를 겨를이 없다. 이 요상한 생물들은 기다려주지 않고 사라지고, 잊을 만하면 또 나타나고는 한다. 그래서 사람을 불안하게 만든다.

처음에는 힘들지만 꾹 참고 한두 번 벌레를 잡다 보면 망설임 없이 파리채나 살충제 스프레이 통을 찾아 들고 곤충과 격전을 벌일 수 있게 된다. 또 놓치고 만나기를 반복하다 보면 동거도 할 수 있게 된다.

미국에 있을 때 나는 쥐와 몇 번의 전쟁을 치렀다. 나의 적은 이사 간 새집에 잠입해 들어온 들쥐였다. 생일을 맞아 저녁을 먹고 기분 좋게 귀가해 신문을 보고 있는데 무언가 휙 지나가는 느낌이 들었다. 착각이겠지 하고 계속 신문을 보는데 벽난로 쪽으로 들쥐가 기어가고 있었다. 아주 얌전히, 조용히.

쥐를 보고 너무 놀라 사람인 내가 홀라당 의자 위로 올라갔다. 무언가 던질 것을 찾는데 눈에 들어오는 물건이 없었다. 이럴 때 고양이가 있으면 얼마나 좋을까? 고양이가 있다면, 고양이가….

그러다 내 스스로 고양이가 되기로 했다. 나는 '야옹, 야옹, 야옹' 하고 고양이 소리를 냈다. 그러다가 여기가 미국이지, 저 쥐는 미국 쥐이지 하는 생각이 들어 '미야오, 미야오, 미야오'로 고쳐 소리를 냈다.

반복하다 보니 실력이 늘어서인지 아니면 영어를 알아들어서인지 쥐는 어디론지 사라져버렸다. 이렇게 고양이 소리를 그것도 영어로 내어 쥐를 쫓았지만 비참하게도 나는 내 생일에 고양이로 전락하고 말았다.

그다음 날 출근하여 이 이야기를 들려주니 동료들은 시청각교육학과를 나온 사람이 다르긴 다르다며 모두 웃었다. 특히나 한국어로 '야옹' 하다가 영어로 '미야오' 하였다는 말에는 혹시 그 쥐가 이중언어 구사자였다면 다 알아들었을 것이라는 농담도 주고받았다.

　점심시간이 지난 후 한 동료가 청각적으로만 쥐를 겁주지 말고 시각적으로도 겁을 주라며 꼬리가 긴 고양이 사진이 담긴 카드를 주었다. 고양이 눈이 매서웠다.

　쥐가 출현했던 곳에 붙여두라는 동료의 말에 따라 나는 한동안 벽난로 선반에 그 카드를 걸어놓았다. 카드 효과 때문인지 그 이후로 쥐는 나타나지 않았다.

　얼마 전 신문에서 백악관에 나타난 쥐에 대한 이야기를 읽었다. 1977년 미국의 카터 대통령이 대낮에 집무실에 나타난 쥐를 보고 기겁해 백악관을 관리하는 총무처에 쥐를 없애라고 했다. 그러나 총무처는 백악관 내의 쥐는 모두 없앴으니 이는 분명 밖에서 들어온 것이기에 내무부가 관리해야 한다며 책임을 전가했다는 이야기였다.

　쥐가 들으면 정말 웃을 이야기다. 쥐를 없애려면 고양이 소리를 인터넷에서 찾아 틀거나 고양이 사진을 출력하여 여기저기 붙여놓아도 될 일이다. 그런 일이라면 내가 '알바'를 할 수도 있을 것 같다.

아빠와 함께 춤을

지금과 같이 듣고 싶으면 어느 때나 어떤 음악이든 들을 수 있는 여건이 되지 않았던 고등학교 시절, 라디오를 통해 듣던 노래 중에 앙드레 클라보 André Claveau, 1911~2003 의 「아빠와 함께 춤을」이라는 노래가 있었다.

까르르 웃는 여자아이의 목소리가 중간중간 들려오던 것이 인상적인 노래였다. 모두 그 여자아이가 가수의 딸이라고 생각했는데 정말 맛있게 웃었다. 아빠 품에 안겨 춤을 추어본 기억이 없는 우리 세대 여학생 대부분은 그 노래를 들으며 우리의 딸은 아빠 품에서 춤추며 저렇게 웃으면 좋겠다는 상상으로 만족해야 했다.

그리고 50여 년이 지난 요즘의 아빠들은 다른 줄 알았다. 그러나 한 TV 프로그램을 보면서 이 시대에도 저렇게 서로 말이 없는 부녀지간이 있음을 보고 놀랐다. 부녀가 아니라 소와 닭이 함께 사는 것 같았다.

10여 년 전 나는 학생들에게 수업시간에 아버지와 함께 전시회를 다녀오라고 과제를 내준 적이 있다. 대학을 졸업하고 나면 아버지와 함께 보낼 수 있는 시간이 별로 없다고 느꼈기 때문이다. 그 전에 부녀가 좀 오붓한 시간을 가졌으면 하는 바람에서 그런 이상한 과제를 내주었던 것이다. 아버지가 안 계신 학생들을 위해 꼭 아버지가 아니어도 좋다, 사촌 오빠나 교회 오빠, 동아리 오빠와 함께 전시회를 다녀온 다음 소감을 작성해서 제출하라고 했다.

학생들이 '과제로 수행한' 아빠와의 데이트는 다양했다. 휴가까지 내서 딸과 하루를 보낸 아버지, 해외 출장에서 돌아와 쉬지도 못하고 딸한테 끌려다닌 아버지도 있었다. 전시회를 보고 나서 함께 외식을 하고 자기가 자주 가는 카페에서 커피를 마시며 인증 사진을 찍어 첨부한 학생도 있다. 그외에도 사진을 제출한 학생들이 제법 있었는데,

제출한 사진 속에서는 모든 부녀가 활짝 웃고 있었다.

또 계절이 바뀔 때마다 이런 시간을 갖자고 아빠와 다짐했다는 학생, 나는 빼놓느냐고 엄마가 따라 나서니 동생도 따라 나서고 그래서 온가족이 함께 전시회를 다녀온 학생도 있었다.

학생들이 제출한 과제를 읽으며 과제를 수행해 준 학생들과 아버지들이 고마웠다. 그리고 이 과제가 학생들에게 아버지를 이해하는 계기가 되었음을 알 수 있었다. 가족을 책임지기 위해 힘든 직장 생활을 하고 계신 아버지의 삶이 참 고달프겠다는 것을 이해하게 되었다는 소감이 많았기 때문이다.

그중 한 학생의 이야기가 기억에 오래 남았다. 전시회를 보고 세종문화회관 층계에 앉아 함께 아이스크림을 먹고 있던 아빠가 갑자기 하늘을 한참 쳐다보았다. "푸른 하늘을 대낮에 본 게 얼마만이냐? 그것도 이렇게 너랑 한가하게 세종문화회관 층계에 앉아 아이스크림을 먹다니… 꿈만 같다….” 그렇게 말씀하시는 아빠의 눈시울은 붉어져 있었다. 학생의 소감문은 그런 꿈이라면 좀더 자주 이루어 드리고 싶다는 고백으로 끝을 맺었다.

아빠가 젊었을 때 그림 그리는 것을 좋아했고 한때 화가를 꿈꾸셨던 것을 과제를 수행하며 알게 된 학생도 있었다. 그 학생은 자기가 컴퓨터 그래픽을 잘하는 것이 아빠에게서 물려받은 소질 덕분일 것이며, 앞으로는 시간을 내서 아빠와 함께 자주 전시회에 가려 한다고 적었다.

이렇게 학생들이 제출한 소감을 읽으며 이 시대의 아버지들이 얼마나 딸과 가까워지고 싶어하는지 그런데 그 방법을 몰라 얼마나 안타까워하고 있는지 알 수 있었다.

하지만 그다음 해에는 이 과제를 내주지 않았다. 아버지가 안 계셔서 이 과제로 상처받은 학생이 있었기 때문이다. 그리고 교과목 내용과 관계없는 과제를 내준다는 항목에 많은 학생들이 동의한 강의평가 결과 때문이기도 했다. 그 결과를 접하고는 살아가는 데에는 많은 도움이 되는데, 어쩌면 이것이 더 중요할지도 모르는데 하며 혼자 아쉬움을 달랠 수밖에 없었다.

더도 말고
1년에 딱
한 번

살다 보면 불현듯 생각나는 사람들이 있다. 가까운 곳에
있는 사람이라면 전화를 걸어 만날 수 있고, 해외에 있는
사람이라도 인터넷 서비스를 통해 무료로 영상통화를 하
며 이야기를 나눌 수 있다. 그 사람과 얽힌 이런저런 일들
을 나누면 다시 그 시절로 돌아가 즐거운 한때를 보내게
된다.

그런데 아무리 만나고 싶어도 만날 수 없는 사람들이 있
다. 바로 돌아가신 분들이다. 그래서 생각날 때마다 나는
혼잣말로 그분들과 대화를 나눈다. 물론 그분들은 말이 없

문화가 있는 집

185

기에 내가 두 사람 또는 세 사람 역할을 모두 해야 한다. 마치 성우가 이런저런 목소리로 여러 사람의 역할을 해내듯 살아생전 못다 한 이야기, 새로 생긴 이야기를 들려드린다.

외할머니에게는 새로운 것을 볼 때마다 보고를 드린다.

"스마트폰이라는 것이 있는데요, 이것으로는 이런 일들을 처리할 수 있어요. 신기하죠?"

"할머니, 요즘에는 로봇 청소기가 있어 청소도 해주어요. 참 편한 세상 되었지요?"

두리두리 박사처럼 궁금한 것이 많고 신기한 것을 보면 손뼉을 치던 외할머니이시기에 나는 새로운 것을 보면 외할머니가 생각난다. 신기하게도 외할머니에게는 미안한 생각이나 죄송한 마음은 별로 들지 않는다. 그저 고맙고 좋을 뿐이다.

그런데 부모님을 생각하면 죄송하기도 하고, 못다 한 감사가 시간이 지날수록 차곡차곡 쌓여만 간다. 그래서 1년에 한 번, 더도 말고 딱 한 번 뵙고 싶다.

철없던 초등학교 시절 나는 아버지께 커서 아버지보다 더 훌륭한 사람이 되겠다고 말한 적이 있다. 그 말을 들은 아버지는 웃으며 '암, 그래야지'라고 하셨다. 그런데 살다 보니, 아니 은퇴를 하고 보니 나는 아버지처럼 되지 못했음을 비로소 깨달았다. 그래서 나는 아버지를 다시 뵐 수 있다면 '존경합니다'고 말씀드리고 싶다.

요즘 젊은 아버지들은 자녀들에게 자주 '사랑한다'는 말과 함께 하트 모양의 손동작을 날려 보낸다. 그것도 부족해서 뽀뽀도 해준다. 우리네 부모님들은 그런 말을 하지 않으셨다. 그저 마음속으로 사랑을 품고 키워 나가셨다. 사랑한다는 말을 듣지 못하였기에 나 역시 그러한 말을 하지 못했다. '아빠 힘내세요. 우리가 있잖아요'라는 노래를 부르는 아이들을 보며 당시 아버지들에게도 이런 노래가 필요했을 것이라는 생각에 죄송해진다.

아버지는 매일 금전출납부를 기록하셨다. 어머니도 알뜰하셨건만 아버지는 왜 그다지도 열심히 금전출납부를 기록하셨을까? 나는 그런 아버지 모습이 싫어서 나중에 결혼하면 금전출납부를 절대 쓰지 않겠다고 맹세했다.

결혼은 하지 않았지만 나는 지금까지 금전출납부를 한 번도 써본 적이 없다. 통장에 돈이 없으면 월급날까지 돈을 쓰지 않고 기다렸다. 내가 벌어 내가 쓰는 것이고, 혼자 사니 내 돈을 훔쳐갈 사람도 없고, 돈이 없다면 그건 내가 썼기 때문에 없는 것이니까.

그런데 요즈음 그런 아버지가 이해가 된다. 그렇게 하지 않았다면 물려받은 유산 없이 어려운 살림을 꾸려나가며 우리 네 명을 이렇게 키우실 수가 없었을 것이다. 아버지 '이해합니다.'

어머니에게는 전에 들었지만 기억이 가물가물한 옛이야기, 집안 이야기, 요리법 들을 여쭤보고 싶다. 당시에는 중요하다고 느끼지 않았거나 되풀이되는 이야기라고 생각해서 귀담아 듣지를 않았다. 필요할 때 다시 들을 수 있다고 생각했다. 그런데 지금 생각하니 확실하지가 않다. 언니들에게 물어봐도 모두의 기억이 그만그만하다.

그래서 궁금한 것들을 적어두었다가 어머니를 만나면 여쭤보고 잊지 않도록 필기나 녹음을 할 것이다. 특히 장김치와 청포묵을 어떻게 만드는지 여쭤보고 싶었다. 가끔 우리 집에 와서 어머니께서 해주신 음식을 맛본 분들은 혹시 어머니에게서 장김치와 청포묵 만드는 법을 전수받았느냐고 묻곤 하셨기 때문이다.

어머니는 내가 고등학교 때부터 음식 하는 것을 가르쳐 주셨다. 두 언니 말고 나를 가르친 것은 아마도 나에게서 소질을 발견하셨기 때문일 것이다. 그 덕에 나는 미국 유학 시절에도 또 그 이후 혼자 살면서도 여러 가지 음식을 잘 해 먹고 산다.

그런데 아무리 해도 세뱃상에 올라오던 장김치와 봄에서 여름으로 넘어갈 즈음 먹던 청포묵 요리법을 찾지 못했다. 그렇게 애태우기를 몇 년, 이사하고 짐 정리하다가 찾았다. 얼마나 반가웠는지 모른다. 청포묵은 해보았지만 이모들도 모두 칭찬한 어머니 손맛이 나지 않는다. 안타깝다. 장김치는 아직 시도해 보지 못했다.

한 동료 교수는 음식을 하다 실패하면 남편과 아이들에게 의무적으로 먹인다고 했다. 그런데 나는 남편도 없고 따라서 자녀도 없기에 실패할 경우 내가 다 먹어야 하니 곤욕이 아닐 수 없다. 그런데 장김치 맛이 궁금한 내 친구가 실패할 경우 나와 함께 기꺼이 먹어주겠다고 자원했으니 이번 겨울 한번 담가볼까 생각 중이다.

미안하다,
내가 또
놀부했다

딸랑 딸랑 딸랑. 종소리가 난다. 나는 파블로의 실험실 개처럼 종소리가 나는 어머니 방으로 급히 간다.

"왜 그러세요? 어디 불편하세요?"

"미안하다, 내가 또 놀부했다."

"정말, 놀부네."

어머니가 돌아가시기 전 6개월 동안 나는 거동을 못 하시는 어머니를 모셨다. 1990년대 중반 당시 우리나라의 간병인제도나 노인의 후생 여건은 매우 열악했다. 간병인의 도움을 받긴 했지만, 워낙 깔끔하신 어머니는 내가 목욕 시켜드리는 게 가장 편하다고 하셨다. 그래서 일어나 앉는 것조차 힘드신 어머니를 눕힌 채 매일 아침 목욕 시켜드렸다.

환자를 돌보는 것과는 거리가 먼 일을 해오던 나였기에 처음에는 매우 서툴렀고 어머니도 매우 불편해하셨다. 시간이 지남에 따라 점점 실력이 늘기는 했지만 목욕 시켜드리고 나면 온몸이 땀에 젖었다. 그래서 어머니 목욕 후에는 내가 목욕을 해야 했다. 남의 도움 없이 자신의 몸을 씻을 수 있는 것도 감사해야 할 일임을 나는 그때 깨달았다.

목욕하고 나오는데 어머니가 종을 흔드신다. 간병인이나 보호자가 있다 해도 24시간 병상을 지킬 수는 없고, 필요할 때 사람을 소리 질러 부른다는 것은 누워 있는 환자로서는 힘든 일이었다. 그래서 종을 머리맡에 두고 도움이 필요하실 때마다 종을 흔들게 해드렸다.

깨끗이 목욕 시켜드린 후 로션도 바르고 욕창이라도 생길까 봐 파우더까지 뿌린 후 새 옷으로 갈아입혀 드렸는데 무슨 도움이 필요하신 것일까? 달려가 여쭈어보니 그 사이에 그만 기저귀에 대변을 보고는 매우 미안해하셨다. 다시 씻어야 하는 일이 발생한 것이다.

어머니를 돌보면서 확인한 일이지만 생리현상은 우리의 마음이나 의지와 달리 일어난다. 특히 나이가 들수록이 가장 기본적인 행위가 자기 통제를 벗어나기에 자존심을 상하게 한다.

이런 일이 발생할 때마다 매번 미안해하시는 어머니가안쓰러웠다. 이미 벌어진 일인데 짜증 부릴 수도 없고 웃으며 처리하자는 의도로 나는 '놀부했다'는 새로운 우리만의 용어를 만들었다. 어머니 역시 매우 만족했고 웃으면서'나, 놀부했다'고 말씀하시고는 했다.

손님이 계실 때에도 '놀부했다'고 하시면 나는 무슨 뜻인지 알아듣고 조치를 취하고는 했다. 손님은 갑자기 웬놀부인가 의아해했지만 이 말은 어머니와 나, 둘만의 해학적 은어였다.

어머니가 아직 살아계셨다면 백 세를 훌쩍 넘기셨을 것이다. 그 세대에게 건강관리란 단어는 생소했고 자신의 건강을 위해 운동한다는 것은 더더욱 생각하기 힘든 일이었다. 어머니는 무릎관절 통증을 호소하시고는 했다. 요즘에는 통증을 완화해 주는 여러 가지 동작이나 운동이 소개되고 있지만 당시만 해도 나는 그런 방법을 알지 못했다. 걸어다닐 수 있을 때 어머니는 운동 삼아 매일 동네를 한 바퀴 걸으셨지만 워낙 늦은 나이에 시작한 운동이어서 크게 도움이 되지는 못했던 것 같다.

정신은 맑고 기억력도 좋으신데 몸이 자유롭지 않아 누워계신 어머니를 보면서 나는 참으로 많은 생각을 했다. 종종 어머니에게 이런 기특한 막내딸을 둔 것을 감사하라고 강요하기도 했다. 그럴 때에는 "암, 감사하고말고"라고 하셨다.

나는 어머니를 돌보면서 몇십 년 후 나의 모습을 그려보지 않을 수 없었다. 만일 내가 이렇게 누워 있다면 누가 병간호를 해줄까? 혼자 사는 여성은 자식이 없어 노후가 더 쓸쓸할 수 있다.

그래서 결혼한 친구에게 동정이나 받을까 하고 이야기하니, 병들었을 때 돌봐줄 사람 없기는 기혼이나 미혼이나 마찬가지일 거라고 말했다. 자식이 있어도 도움받지 못한다면 자식 없는 사람과 매한가지, 아니 더 서글플 수 있다고 했다.

기혼자도 건강은 스스로 챙겨야 하는데, 미혼자는 두말할 필요가 없다. 아이를 낳아 애쓰며 기르지 않았는데 어

느 누구에게 도움을 기대할 것인가? 베풀지 않았으니 돌아
올 것이 없는 것은 당연한 일이다.

그래서 나는 매일 운동을 한다. 누군들 나이 먹어 병들고
약해지는 것을 원하겠는가? 아무리 운동을 해도 어떻게 생
을 마감하게 될지 아는 사람은 아무도 없다. 그래도 노력했
다면 후회가 적을 것 같아 나의 노력은 현재 진행형이다.

복부비만의
충격에서
벗어나는 법

누워 계신 어머니를 보살필 때는 나 자신을 챙기는 데 쓸 시간과 체력이 없었다. 그래서 중요한 줄 알면서도 운동을 할 수가 없었다. 대신 어머니를 보살피는 일에는 힘이 많이 들어서 계속 먹어댔다.

그러다 보니 힘은 드는데도 몸무게는 늘어났다. 배도 나오기 시작했다. 그래도 기운이 없어서 계속 먹었다.

어머니가 돌아가시고 난 후에는 무력감에 사로잡혀 또 먹었다. 사람이 육체적 허기 때문이 아니라 감정적 문제 때문에 먹을 수 있다는 것을 그때 처음 확인했다.

그리고 얼마 후 학교에서 건강검진을 받았다. 연중행사
처럼 하는 신체검사였다. 그런데 이번에는 새로운 기계가
들어와 있었다. 양말을 벗고 올라서서 옆에 달린 자그마한
막대기 같은 것을 쥐고 있으면 비만 정도를 알려주는 기계
였다. 처음 보는 것이어서 그런지 체중계처럼 생긴 그 기
계 앞에는 많은 사람들이 줄을 서 있었다.

내 차례가 되어 지시에 따라 기계에 올라섰다 내려오니
간호사가 '복부비만'이라는 결과를 말해줬다. 작은 소리도
아니고 큰 소리로 알려줬다. 태어나서 처음 들어본 '비만'
이라는 단어에 나는 충격을 받았다. 내 뒤에 기다리던 사
람 중에는 저렇게 마른 사람이 복부비만이라면 더 재볼 것
도 없다며 돌아간 이들도 있었다.

마치 큰 병이라도 생긴 것처럼 수선을 떨며 복부비만을
알리는 나에게 작은언니는 그 나이에 그런 사람 많다며 대
수롭지 않게 대꾸했다. 조카도 이모한테 올 것이 왔다는
반응을 보였다. 그리고 기특하게도 유명 모델이 개발했다
는 슈퍼다이어트 체조 비디오테이프를 사다주었다. 이모
는 끈기가 있으니까 매일 이것을 보며 따라 하면 효과를
볼 것이라는 응원의 말도 잊지 않았다. 조카의 마음이 고

마웠다.

비디오테이프를 틀어보니 유난히도 키가 큰 모델이 시범을 보이며 요령을 설명해 주었다. 하지만 운동으로 달련된 좋은 몸매로 능숙하고 시원스럽게 보여주는 그 동작들을 따라 할 엄두가 나지 않았다.

그래서 저 사람은 왜 저렇게 잘할까, 기분 나쁘네 같은 생각을 하며 처음 며칠간은 비디오테이프를 보기만 했다. 이모가 속히 운동의 효과를 보았으면 싶었는지 운동을 하고 있느냐며 조카가 전화를 걸어왔다. 아직 눈 운동만 하고 있다고 답했다.

드디어 용기를 내서 동작을 따라 하기 시작했다. 이 동작을 하면 어디가 어떻게 좋아진다며 열여섯 번 하기를 권하는데 나는 서너 번 하고는 멈췄다. 모델이 열여섯 번을 다 할 때까지 기다렸다가 다음 동작을 따라 역시 서너 번 하고 멈췄다. 이렇게 하니 운동하는 시간보다는 기다리는 시간이 더 길었다. 얼마나 그렇게 했을까? 어느새 나는 열여섯 번을 다 따라 하고 있었고, 효과가 있는지 몸무게가 줄기 시작했다.

1년 후 신체검사에서는 복부비만 판정을 번복하고 싶어

문
화
가
있
는
집

197

아침마다 비디오테이프를 틀어놓고 따라 했다. 계속하다 보니 근육도 생기고 간간이 느껴지던 무릎 통증도 없어졌다. 그리고 주변 사람들이 무슨 운동을 하고 있느냐고 묻기 시작했다. 열심히 선전했지만 듣기만 할 뿐 시작도 해보지 않은 사람들이 태반이었고, 혹시 시작했다 해도 계속하는 사람을 찾아보기 힘들었다.

하지만 나는 주변 사람들의 격려에 고무되어 매일 하는 그 체조에 전에 배운 요가 동작을 하나둘 첨가하기 시작했다. 운동복을 싸들고 피트니스센터를 찾을 필요도 없었다. 어느덧 아침체조는 나의 일상이 되어가고 있었다. 운동을 한 날과 하지 않은 날이 확실히 다름을 느낄 수 있었다.

이렇게 시작한 나의 운동은 집 밖으로 활동 무대를 넓혀 아침에 산에 오르기 시작했다. 북한산 근처에 살고 있었기에 생각한 일이었다. 흔히들 주말에 등산을 가면 정상에 오르고는 하지만 아침시간을 이용해서 산책 겸 하는 등산이었기에 정상까지 갈 필요는 없었다. 왕복에 한 시간 정도 걸렸다. 국립공원 1년 입장권까지 마련했지만 이른 아침에는 매표소 직원이 없어 표 없이도 통과할 수 있었다.

그 길에 나만의 옥좌를 만들었다. 벤치처럼 휘어져 있는 소나무가 나의 옥좌 1호다. 거기에 이르면 앉아서 준비해 온 커피를 마셨다. 지나는 등산객들이 커피 향에 코를 벌름거려 미안한 생각이 들기도 했다. 커피를 좋아하는 사람이라면 얼마나 마시고 싶을까?

아침에 수업이 없는 날엔 좀더 올랐다. 20분 정도 더 오르면 나의 제2 옥좌가 나타난다. 앉으면 서울 시내가 한눈에 보이는 곳에 있는 바위다. 두 번째 커피를 마시고 바나나도 한 개 먹으며 내가 살고 있는 동네를 내려다본다. 그럴 때면 저 속에서 기를 쓰며 살고 있는 나를 돌아보게 되고 무안해졌다. 버리자, 비우자, 내 스스로에게 타이르고는 하산했다.

주말에는 비봉까지 올랐다. 경사가 심해 힘든 길이지만 참고 올랐다. 비봉에서 좀더 오르면 나의 마지막 옥좌가 나타난다. 거기서 점심을 먹었다. 그렇게 마지막까지 오르는 날은 흔치 않았다. 시간이 지남에 따라 산책 등산의 왕복 시간이 점점 줄어들기 시작했다.

똑같은 길을 따라 1년 사계절 산을 오르내리는 것에는 매일 달라지는 산의 색깔을 즐길 수 있는 묘미가 있었다. 또 하루 산을 오르면 노년에 누워 지내야 하는 날이 하루

줄어든다는 내 나름의 묘한 계산법을 가지고 임하니 보람
도 있었다.

이렇게 등산을 즐기던 어느 날, 나이 먹은 사람에게는
아침 등산이 좋지 않을 수도 있다는 말을 들었고 그 무렵
이사를 했다. 그래서 이제는 산에 오르지 않는다.

사람들은 나에게 끈기가 있다고 말한다. 그럴지도 모른
다. 그러나 나는 나를 위해 하는 운동에서까지 스트레스를
받고 싶지 않아 꼭 해야 한다는 강박관념을 없앴다. 그래
서 꾀가 나는 날엔 하지 않는다. 이제는 일주일에 운동을
한 날이 하지 않은 날보다 많으면 그것으로 되었다며 내
자신에게 마냥 너그러워졌다.

내년이면 슈퍼다이어트 체조를 시작한 지 20년이 된다.
이제는 비디오테이프를 보지 않을 뿐만 아니라 그 모델보
다 더 빨리 한다. 그래서 오히려 내가 그 사람을 기다려준
다. 만일 그 프로그램을 만든 모델이 이 소식을 전해 듣는
다면 혹시 기특하다고 상을 줄지도 모르겠다.

혼자라서
접은
꿈

무, 배추 값의 등락과 김장 비용 예상이 저녁 뉴스에 오르면 겨울로 다가서고 있음을 실감한다.

예전엔 이맘때가 되면 연탄 들여놓고 김장하느라 바빴다. 어머니 아버지는 이런 월동 준비를 다 마치신 후에야 마음을 놓고 흐뭇해하셨다.

그러나 나는 아파트에 살기에 연탄 걱정을 하지 않아도 되고 김치도 사시사철 구할 수 있기에 김장 염려는 할 필요가 없다.

그런데 언제부터인가 겨울을 알리는 뉴스에 60대 이상

노인인구 증가 현황과 독거노인을 위해 구청에서 하는 여러 가지 일에 대한 보도가 새로이 추가되었다. 그런 보도를 들으면서도 나는 내가 그 대상이라는 것을 인식하지 못했다. 그렇구나, 우리나라 노인 인구가 저렇게 많구나, 걱정되겠다고 생각할 뿐이었다.

하지만 올해는 내가 바로 그들이 말하는 노인이라는 것을 깨달았다. 나로서는 새로운 깨침이었다. 나는 독신여성을 넘어 이제 독거노인이 되었는데도 아직 자신의 위치를, 처지를 깨닫지 못하고 사는 철없는 노인이었던 것이다.

하지만 독거노인이 된 나에게 독신여성으로 사는 것에 대해 물어오는 사람들이 있다. 독신이나 기혼자나 사는 것은 그리 다를 것이 없다. 식구가 나 하나뿐이라는 것 외에 일상은 모두 같다. 단지 독신이기에 꿈을 접어야 하는 경우가 생길 뿐이다.

사실 나는 한옥에서 살고 싶었다. 그러나 관리하는 데 얼마나 손이 많이 가는지를 알기에 그러한 꿈을 접고 아파트에 산다. 일찌감치 나의 분수를 잘 알고 있었던 덕분이다.

독신이기에 접은 꿈이 또 하나 있다. 은퇴하면 시골에 가서 방과 후 아이들을 지도하고 싶었다. 혜택을 적게 받는 시골 아이들을 위해 방과 후에 함께 숙제하고 공부하는 공동체를 운영하고 싶었다. 저녁도 함께 지어 먹으며 요리와 식탁 예법도 가르치고 싶었다. 또한 날씨가 좋은 날, 카메라를 들고 산과 들, 강으로 나가 사진을 찍어 우리만의 멀티미디어 프로그램도 만들고 싶었다.

그리고 무엇보다도 아이들을 관찰하면서 각자의 적성을 찾아내어 진로 지도를 해주고 싶었다. 자기가 하고 싶은 일, 잘하는 일을 찾아 일찍부터 노력한다면 모두가 선택한 분야에서 성공할 수 있으리라, 아니 성공보다는 자기가 만족하는 일을 하며 행복하게 살 수 있으리라 생각했다.

이런 계획을 이야기하니 많은 사람들이 재능을 기부하겠다고 나섰다. 피아노를 치는 사람은 음악에 대한 강의를, 신문기자는 신문과 신문기자에 대한 설명을, 그림을 그리는 친구는 그림 지도를 해주겠다고 했다. 집에 안 쓰는 피아노가 있는데 그걸 기증하겠다는 사람도 있었다.

은퇴한 의사 친구는 주민들을 진료하는 마을 의사로, 미국에 사는 조카 손주들은 방학 때 와서 영어를 가르쳐주는 원어민 영어 강사로 초청하는 계획도 세웠다.

계획이 실현된다면 아이들은 공무원이나 경찰, 교사, 탤

런트, 아이돌, 개그맨 말고도 다양한 직업을 알게 되어 꿈이 더 다양해질 것이라 생각했다.

그래서 시간이 날 때마다 이곳저곳을 보러 다니며, 후보지로 몇 군데를 뽑아보기도 했다. 그러다 그 꿈을 접었다. 시골에 연고가 없고 시골생활을 한 번도 해본 적이 없는 사람이 꿈만 가지고 혼자 시골로 내려가 그러한 일을 한다는 것은 위험할 수 있다는 염려가 들었다.

또 마당쇠도 필요하다는 생각이 들어 남편이 있고 그 뜻을 함께해 줘야 가능한 일이라는 결론이 내려졌다. 그래서 아쉽지만 몇 년을 계획하며 꿈꾸어 오던 일을 접어야 했다.

자기 아이들을 맡기고 싶다고 언제 시작하냐고 재촉하는 제자도 있었고, 기숙학교를 운영하면서 이상적인 교육을 해보라고 권하는 사람도 있었다.

나도 아쉬움이 많이 남았다. 참 잘할 수 있을 것 같은 일이었기에 더욱 그렇다. 가족으로 인해 꿈을 접는 경우도 있지만 도와줄 가족이 없어 꿈을 접는 경우도 있다. 이것이 아마도 독신 여성의 부족함이 아닐까.

일하고 싶은
사람 여기
붙어라~

나는 한때 이런 회사를 꿈꿨던 적이 있다.

일은 각자가 계약한 시간만 한다. 예를 들어 일주일에 40시간 일하기로 계약했으면 사무실에 나오든 집이나 카페에서 하든 그 시간 동안만 일하는 것이다. 매일 출퇴근한다 해도 각자가 알아서 출퇴근 시간을 정한다.

사무실은 맡은 업무가 아닌 취향에 따라 구성한다. 조용한 온돌방으로 만들 수도 있고, 아예 바처럼 꾸며서 언제나 흐르는 음악 속에서 이리저리 돌아다니며 일하는 공간으로 만들 수도 있다.

그리고 점심은 각자 취향에 따라 직접 해 먹을 수도 있
도록 회사 내에 잘 구비된 주방도 갖춰놓는다.

나는 출퇴근 시간이 자유로운 회사에서 일해본 적이 있
다. 미국에서 일하던 연구소가 바로 그랬는데, 결혼한 여성
들에게 많은 배려를 해주던 곳이었다.

그 경험을 바탕으로 누구나 일하고 싶은 직장을 상상하
게 되었고 제자들과 함께 그런 회사를 운영하는 일을 꿈꾸
게 되었다. 회사가 돈을 많이 벌지는 못할지라도 나름대로
의미 있을 것 같았다.

은퇴가 가까워지면서 재능과 실력을 펼치지 못하는 아
까운 제자들이 점점 많아지는 것을 보며 이 꿈을 더욱더
실현해 보고 싶었다. 제자들이 힘들게 갈고닦은 능력과 지
식과 경험을 활용하지 못하는 이 사회가 안타까웠다.

일하고 싶지만 아이들이 어려서 직장을 그만두는 제자
를 볼 때마다 힘든 결정에 박수를 보내면서도 그런 결정을
하기까지 지새웠을 수많은 밤을 생각하면 가슴이 아렸다.
정부에서는 출산을 장려한다지만 우리네 현실은 정부를
믿고 아이를 더 낳을 수 있는 형편이 아니다.

게다가 정부의 출산 정책이 수시로 변하니 어찌 믿고 아

이를 더 낳겠느냐고 제자들은 항변한다. 출산 문제는 주택이나 교육 문제에 국한된 것이 아닌 사회 인식 전반에 걸쳐 있는 복잡한 문제여서 부분적인 변화나 일시적인 정책으로 해결할 수 없다고 토로한다.

나는 이런 제자들에게 일주일에 몇 시간만이라도 일할 수 있는 직장을 마련해 주고 싶었다.

실제로 같은 학과 선생님들 몇이 모여 합숙하며 이 주제를 놓고 고민해 보기도 했다. 그런데 해결해야 할 현실적인 문제가 많아 접고 말았다. 내 의지가 부족했던 탓이 가장 클 것이다.

그러나 아직도 미련이 남아 커피를 마시거나 산책을 할 때 틈만 나면 이윤보다는 보람을 찾는 회사, 재능을 썩히지 않는 회사를 만드는 공상에 골몰하곤 한다.

꼭 물리적 공간이 없어도 가상공간에서도 일하는 것은 얼마든지 가능할 것이다. 꼭 무엇을 산출해 내지 않아도 된다. 한자리에 모여 전문가로서의 생각이나 의견을 눈치 보지 않고 자유롭게 나누기만 해도 좋은 발상이 나올 수 있고 훌륭한 결과물로 이어질 수도 있을 것이다.

1년 내내 일할 필요도 없다. 프로젝트가 생길 때마다 일하면 된다. 따라서 시간을 융통성 있게 쓸 수 있다. 꼭 만나서 해결해야 할 문제가 있다면 아이들이 학교나 유치원에 가 있는 시간에 만나면 된다.

이것이 가능하다면 각자 집에 외떨어져 우울한 생각에 빠져 있기보다 다른 사람들과 만나 공동의 목표를 향해 나아가며 부대낄 수 있고 그러다 보면 삶에 생기를 얻을 수 있을 것이다. 새로운 정보, 다른 관점을 생생하게 접하는 과정에서 생각의 지평을 넓히며 점점 발전하는 자신의 모습을 발견할 수 있을 것이다.

이렇게 되면 중년의 우울증은 겪을 일이 없을 것이다. 설사 우울증이 와도 병원이나 상담사의 도움 없이 매우 생산적이고 긍정적인 방법으로 극복할 수 있을 것이다.

하루 24시간 내내 아이들만 쳐다보고 있으면 자신의 꿈을 그들을 통해 실현하려 들게 되고 온갖 방법으로 아이들을 들볶기 십상이다. 내 자신이 만족한 생활을 한다면 적어도 아이들에게 자신의 꿈을 걸지는 않게 될 것이고 그러면 가족관계도 더 편해지지 않을까?

초등학교 시절 함께 놀 사람을 찾을 때 손가락을 치켜들고 '나하고 놀 사람 여기 붙어라'라고 말하면 그 손가락을 잡는 아이들이 늘 있었다. 그렇게 모여 원을 그리고 노래 부르며 신나게 놀고는 했다.

지금 인터넷 카페에 그렇게 치켜든 손가락을 그려넣고 '나와 일하고 싶은 사람 여기 붙어라'라고 하면 몇 명이나 모일까? 내가 살고 있는 곳은 혼자 살기에는 크다고들 하니 방 하나를 담화의 공간으로 만들어볼까? 아니지 여기까지 오기는 너무 멀지. 서울 시내에 오피스텔이 있으면 좋겠다.

그 공간에서 오갈 활기찬 대화를 나 혼자 미리 나누며 흐뭇하게 미소를 짓는다. 그런 날이 정말 오기를 바라며 나는 오늘도 상상의 나래를 펼친다.

책에
빠질
자유

혼자 살면서 누릴 수 있는 큰 기쁨 중 하나가 책 읽는 기쁨이다. 책 읽는 기쁨은 누구나 느낄 수 있는 것인데 왜 유독 혼자 살면서 누릴 수 있는 기쁨이라고 말하느냐고 반문할수 있다.

물론 모두 책 읽는 기쁨을 누릴 수 있다. 그런데 혼자 사는 사람은 책을 읽는 데 방해받을 일이 별로 없다. 책에 빠져 밥짓는 일을 잊을 수도 있고 심지어 밥 먹는 일을 잊을 수도 있다. 그렇다고 불평하는 사람이 없다는 것은 자유로운 일이다.

작은언니 별명은 책 감별사인데, 문학에 소질과 관심이 많고 또 워낙 책을 많이 읽다보니 언니가 추천하는 책을 읽고 실망한 적은 없다.

작은언니의 추천작 중에 『시 읽는 기쁨』이란 책이 있었다. 그동안 내가 산 시집은 열 손가락이 남을 정도다. 책장에 꽂혀 있는 비전공 서적을 보니 소설이 가장 많았다. 언니의 추천을 받고 왜 이렇게 시를 멀리하게 되었을까 생각하다 중고등학교 국어 시간으로 거슬러 올라갔다.

국어 교과서에는 항상 시가 실려 있었다. 우리는 그 시를 외우고 시인에 대한 설명을 들었다. 문제는 시에 사용된 단어의 의미를 해석하는 부분이었다. 예를 들면 시에 나오는 '그녀'는 무엇을 의미하는가? 아무리 읽어도 나에게 '그녀'는 그저 그녀였지만 국어 선생님은 '잃어버린 조국'을 의미하는 것이라고 말씀하셨다.

수업 시간에 접하는 해석은 항상 내 이해와 달랐다. 나는 무슨 근거로 그런 해석이 가능한지 이해할 수 없었다. 아마도 그 시를 쓴 연대와 시대 상황을 연계하여 내려진 해석인 듯했다. 그래서 나는 시를 읽는 것이 편하지 않았다.

그런데 얼마 전 한 시인이 TV에 나와 대담하는 것을 보고 무릎을 쳤다. 자기는 그냥 그녀를 생각하며 시를 썼을 뿐인데 국어 선생님들은 '그녀'를 잃어버린 조국이라고 가르치는 것을 알고는 어이가 없었다는 것이었다. 시인의 그 말에 '그녀'를 '그녀'로 답한 내 답안지에 X표가 그어지고 감점되었던 과거의 일이 참 억울하게 되살아났다.

이런 과거가 있기에 나에게 시는 읽는 기쁨을 느끼기 힘든, 부담되는 문학 장르였다. 그런데 정효구 교수가 한국 현대 시인들의 시를 모으고 설명한 『시 읽는 기쁨』은 진정 나에게 시 읽는 기쁨을 안겨주었다. 첫 권을 읽고 나서 2, 3권을 내처 읽었다.

이 책은 시인의 시 한 편을 선정해서 소개한 후 시인의 작품활동, 살아온 것을 소개하는데, 때로는 저자의 개인적인 교분을 이야기해 주기도 한다. 그러고는 시를 해설해 준다. 저자의 이야기를 따라가다 보니 세상 욕심이나 욕망이 사라지고 마음이 편해졌다.

성질이 급한 나는 저자의 이야기가 궁금해 소개한 시를 한 번 읽고 해설로 넘어가고는 했다. 은퇴한 국문과 동료 교수님께 이 책에 대한 이야기를 하니 참 좋은 책을 읽고 있다고 말씀하시면서 해설을 읽기 전에 여러 번 반복해서 시를 읽어보라고 권하셨다. 그 권고에 따라 해보니 저자의 해설이 좀더 심도 있게 다가왔다.

그리고 이 책은 한 번 읽고 끝낼 것이 아니라는 생각에 거실 탁자에 놓고 시간이 날 때마다 다시 읽고 있다. 소설을 읽듯 이어서 읽어야 하는 것도 아니고 오늘은 이 시인에서 내일은 저 시인으로 자유롭게 다른 시인을 만나는 즐거움과 설렘을 주는 것도 이 책의 장점이다.

이렇게 시를 읽다가 한국고전문학을 전공하고 가르치는 세 명의 여성이 쓴 『조선의 여성들, 부자유한 시대에 너무나 비범했던』이란 책을 추천받았다. 그동안 우리는 역사적 인물에 대해 덧칠을 해왔음을 깨닫게 해주는 책이었다. 여성이기 이전에 한 사람으로서 산 인물들을 우리는 그저 여성이라는 렌즈에 맞추려 했다. 그래서 때로는 신사임당이 현모양처로 둔갑하기도 했던 것이다.

우리는 어쩌면 여성 선배를 롤 모델로 갖지 못한 채 노부들만 보며 자라왔는지도 모른다. 그래서 사람으로 살아간 여성 선배들을 통해 다양한 방식의 삶, 싸움, 인내, 고통 그리고 환희를 전하는 저자들의 이야기가 소중하게 느껴졌다. 이 책을 통해 우리는 익히 들어온 신사임당, 허난설헌을 사람으로 만나게 되고 송덕봉, 이옥봉, 김호연재, 바우덕이를 새로 알게 된다.

누이동생의 재능을 누구보다 아낀 오라비 허봉이 시 한 수와 함께 보내준 붓 한 자루를 받고 남긴 허난설헌의 감회가 절절했다. 재주는 많았지만 여자에 그것도 서녀로 태어나 첩으로 살아야 했고 전쟁 통에 비명에 죽은 비운의 여성 시인, 이옥봉의 삶이 가슴 아팠다. 그러나 그녀의 시는 불후하다는 평가를 받으며 허난설헌과 함께 16세기를 대표하는 여성 시인으로 꼽히고 있다. 삶의 진실에 민감했고 아파했고 성실했던 그녀들의 노래는 지금도 끊이지 않고 이어지고 있다.

책을 다 읽고 다시 서문을 읽어본다. 저자들이 이야기한 것처럼 여성과 남성의 차이를 넘어 삶에 진실한 사람은 언제나 존경받아야 한다. 여자, 남자 할 것 없이 모두가 활짝 꽃피도록 서로 돕는 세상이 얼마나 고울지 나 역시 그들과 함께 꿈꾸어본다.

옥분이는
은퇴를
모른다

교수로 미국 대학의 강단에 서게 되니 연구하랴, 강의 준비하랴, 학생 때보다 더 바빠졌다. 일주일에 한 번씩 집안일을 가사도우미에게 맡기고 싶었지만 사정상 불가능한 일이었다. 그래서 가끔 청소만 해주는 사람들을 불렀는데, 그 사람들은 번개처럼 청소를 했다.

어쩌다 한국에 오면 집안일을 전부 가사도우미에게 맡기고 사는 작은언니가 그렇게 부러울 수 없었다. 그런 내게 언니는 이런 말을 했다. "우렁이각시라도 만들어두고 살렴." 그래서 나는 내 마음속에 '옥분이'라는 가사도우미를 두기로 했다.

저녁을 먹고 나서 설거지하기 싫으면, "옥분아! 설거지 해라" 하고 거실에서 TV를 보다가, "못된 것, 설거지 좀 하는 게 그렇게 어렵냐" 하면서 설거지를 하고는 했다. 이렇게 옥분이는 실질적인 도움은 전혀 주지 않았지만 정신적인 여유를 나에게 주었다.

이 이야기를 나의 에세이집 『오십분에 못다 한 이야기』에 소개했더니 이를 읽은 사람들은 나에게 지금도 옥분이를 데리고 사느냐고 묻는다. 1997년 외환위기가 왔을 때 나가라고 했지만 옥분이는 나가지 않고 아직도 나하고 동거하고 있다.

혼자 살고 있기에 가끔 사람들은 내가 어떻게 살고 있는지 매우 궁금한가 보다. 살고 있는 아파트에서 반상회가 있던 날, 결석자가 하나도 없다고 반상회장이 매우 좋아하며 매번 이 집에서 모이면 어떻겠느냐고 했다. 어쩌다 집에 사람들을 초대하면 입을 못 다물고 싱글벙글 웃으며 좋아라 달려와서는 백이면 백 집 안 이곳저곳을 열심히 둘러본다.

미국에서 새집에 살 때는 결벽증 있는 사람처럼 청소와

정리정돈을 철저히 해서 집이 마치 모델하우스 같았다. 그러나 이제는 적당히 지저분하게 지내다가 기분이 날 때 말끔히 청소한다. 먼지도 삶의 일부분으로 생각하고 흐트러진 물건들을 보며 화가의 습작인 듯 저건 정물 A, 저건 각도를 좀더 돌려 그린 정물 B 하며 감상하는 여유를 갖게 되었다. 세월이 가져다준 선물일 것이다.

어려서부터 몸이 약했고 조금만 좋지 않은 음식을 먹어도 탈이 났기에 나는 먹는 것에 많은 신경을 써왔다. 초등학교 시절 학교 앞에서 파는 음식을 사 먹어본 적이 없고, 여태껏 길거리 포장마차에서 음식을 먹어본 적이 없다. 버킷리스트에 포장마차 가기가 있긴 하지만 아직 실천에 옮기지 못했다.

그래서인지 나는 외식보다는 집밥을 즐겨 먹는다. 집에서 요리할 때는 조미료를 일절 사용하지 않는다. 그래서 조미료가 들어간 음식을 먹으면 몸이 반응을 한다. 하품이 나고, 목이 마르고, 졸리고, 심장이 뛴다.

혼자 사는데 음식하기 귀찮지 않냐고 묻는 사람도 있다. 하지만 나는 요리를 하면서 스트레스를 푼다. 따라서 음식을 하면서 서두르지 않는다.

다양한 음식을 해서 먹지만 손님을 초대할 때는 계절별로 제철 먹거리를 이용한 메뉴가 정해져 있다. 전에는 밖에서 사람들을 대접했지만 이제는 가능하면 집에서 대접하려고 한다.

그런데 나는 혼자 살아왔기에 많은 양의 음식을 하는 것이 익숙지 않다. 그래서 큰 소리 내지 않고 대화를 나눌 수 있는 정도로 초대하는 손님 수를 한정하고 있다.

하루는 제자가 다니던 직장을 그만두고 퇴직금을 받았다며 점심 대접을 하겠다고 전화를 했다. 집으로 모시러 오겠으니 좋은 음식점을 찾아두라는 제자의 당부에 어디를 갈까 생각하다가 집에서 점심을 만들어 함께하기로 결정했다.

서른이 넘은 나이에 다니던 직장을 그만두고 유학을 계획한 제자였다. 그 제자가 공부를 끝내고 한국에 돌아올 때쯤 내가 살아 있을까? 살아 있다 해도 점심을 해줄 수 있을까? 이런 생각 끝에 마지막일 수도 있겠다는 생각이 들었다.

외식을 염두에 두고 온 제자는 잘 차려진 식탁을 보고는 외마디 감탄사를 내뱉었다. 그러고는 황홀해하며 스마트폰을 꺼내더니 식탁부터 음식이 나올 때마다 사진을 찍었다.

우리는 그날 무려 6시간 동안 수다를 떨었다. 제자가 대학 입학 때부터 오늘까지 함께한 기나긴 시간들, 그동안 하고 싶었던 이야기로 시간 가는 줄 몰랐다. 제자에게도 나에게도 훈훈한 시간이었다. 나는 우리가 앞으로 살아가면서 순간순간 함께 나눈 이 시간이 기억되기를 바랐다.

대개 나이 들면 음식을 잘하던 사람도 음식하기가 귀찮아진다고 한다. 그러나 나는 아직 음식하기가 싫지 않다. 나의 어머니는 제한된 예산으로 좀더 맛있고 건강한 음식을 식구들에게 먹이려고 장바구니를 들고 시장을 몇 바퀴씩 돌고는 하셨다. 아직도 그 모습이 생생하다. 그렇게 하지 않아도 되는 지금의 처지를 생각하며 나는 오늘도 감사한 마음으로 앞치마를 두른다.

4.

혼자
살면

보이는

것들

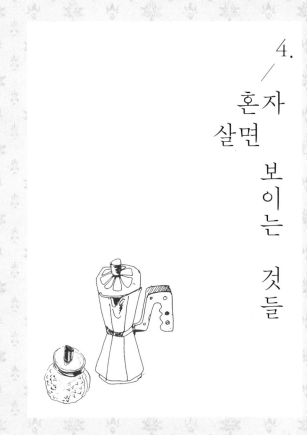

최선을 다하지 말자

현빈이 주연을 했던 드라마 『시크릿가든』은 '이게 최선입니까? 확실해요?'라는 유행어를 남겼다. 이 유행어는 은연중 우리 사회가 최선을 다하기를 요구한다는 것을 보여줌과 동시에 우리 역시 최선을 다하고자 노력하며 달리고 있다는 것을 알려주는 말이기도 하다. 그러나 최선을 다해사는 게 정말 최선일까?

한번 상상해 보자. 만일 살아가는 데 필요한 돈이 수도꼭지를 틀어 수돗물이 나오듯이 줄줄 나온다면 우리는 직장에서 일하려고 할까? 그러면 과연 하루 24시간 동안 무엇을 하며 살까?

물론 이런 세상은 오지 않겠지만 한번쯤 생각해 보는 것도 재미있지 않을까? 직장은 존재할 것 같다. 그런데 직장의 생태가 지금과는 많이 다를 것이다. 아마도 정말 그 일이 하고 싶은 사람들만 모일 것이고 일하고 싶게 만들지 못하는 회사는 문을 닫을 것이다. 그리고 업무평가나 승진, 임금 인상도 지금과 같은 의미를 갖지 못할 것이다.

이제 현실로 돌아와 나의 모습을 돌아보자. 지금 나의 삶에서 가장 중요한 일은 무엇일까? 고상한 추상의 장막을 걷어내고 나면 먹고살기 위해 돈을 버는 일이 가장 중요하다는 사실을 인정할 수밖에 없을 것이다.

하지만 생존에는 돈이 그렇게 많이 들지 않는다. 다른 사람에게 뒤처지지 않기 위해, 품위와 체면을 지키기 위해 돈이 더 필요해지는 순간, 돈 버는 일은 그 끝을 알 수 없는 나락이 되고 만다.

처음엔 작은 오피스텔에서도 만족하다가 좀더 큰 빌라로, 아파트로, 수도권으로, 서울로, 강남으로 욕구는 자꾸만 커진다. 그 길의 풍경은 황량하고 쓸쓸하기만 하다.

돈을 벌기 위해서만이 아니라 내 분야에서 업적을 쌓아

이름을 날리기 위해서 직장에 다닌다고 말하는 사람도 있을 것이다. 호랑이는 죽어서 가죽을 남기고 사람은 죽어서 이름을 남긴다고 하지만 이름을 남겨서 무엇하겠는가? 후손들이 역사 시간에 우리 이름 외우느라 괜히 밤잠을 설치지나 않겠는가? 그나마 대부분 한 세대를 지나면 잊히고 말 것이다.

그렇다면 무엇을 위해 살아갈 것인가? 결국은 나를 위해 살아가는 것이 아닐까? 나를 위해, 내 만족을 위해 살아가는 것이 아닐까? 그러면 나는 과연 그동안 나를 위한 삶을 살아왔는가?

자칫 허무주의자의 주장처럼 들릴 수도 있지만 훗날 허무해지지 않으려면 너무 늦기 전에 이러한 생각을 해야 한다. 40대에 들어서 소위 중년의 위기가 오는 이유가 바로 어느 날 갑자기 자기가 해오던 일에 회의가 들기 때문이다. 그리고는 마치 사춘기 아이처럼 평소와 다른 행동을 해서 주위를 놀라게 하고는 한다.

중년의 위기가 왔을 때 하던 일을 그만두고 학교로 돌아가 자기가 하고 싶은 일에 필요한 공부를 하고 새로운 직업을 찾은 친구가 있었다. 그런데 그 사람에게는 이해를 해주며 생계를 책임져 줄 아내가 있었다.

　물리학을 전공한 한 친구는 소설을 써보고 싶다며 연구년을 받아 1년간 소설을 쓰고 출판까지 했다. 소설 쓰는 건 연구논문과 달리 참고문헌을 기입하지 않아도 되어 좋더라는 이야기를 남겼다.

　또 다른 친구는 교수로서 학생들을 가르치는 일에서 벗어나고 싶다며 캘리포니아로 가서 대학에 등록하고 1년간 하고 싶은 공부를 했다. 오랜만에 학생이 되니 어떻게 가르쳐야 하는지도 좀더 알 수 있었다고 했다.

　사회학을 전공한 한 친구는 택시 운전기사를 하며 전공 영역의 깊이를 더하기도 했다. 그런가 하면 프랑스에 가서 반년은 빵집에 취직해서 빵을 굽고 반년은 프로방스에서 빈둥대며 놀다 온 친구도 있다.

　모두 미국에 살고 있는 친구들 이야기이다. 우리나라의 대학 교수들은 연구년에 대부분 자기 전공 연구를 계속하지 다른 일을 하는 사람은 드문 편이다.

　나는 내가 사는 나라나 도시에 만족해 본 적이 없었다. 그래서 늘 새로운 곳, 새로운 일자리를 희망했고, 그 기회를 찾아 안테나를 세워두고 있었다.

미국에서는 더더욱 그랬다. 학위를 취득하고 안정적인 일자리도 있었지만 미국은 내 나라 같지 않았고 나는 마치 피난민 같았다. 그래서 다른 곳을 여행할 때마다 여기에 산다면 어떨지 여기저기 기웃거리기도 했다.

그러다 40대에 들어섰고 전공을 활용하는 범위에서 새로운 직장, 새로운 도시를 찾아 새로 집을 장만했다. 그것은 신축 타운하우스였는데, 우리나라에서 아파트를 분양하는 것처럼 단순한 구매가 아니었다. 필지를 정하는 것부터 건물을 설계하고 자재를 결정하는 것까지 구매자가 세세하게 참여하는 그 과정은 새집을 짓는 것이나 마찬가지였고, 그것은 대단한 모험이었다. 이런 모험을 하다 보니 중년의 위기는 끝나가고 있었다.

그러나 돌이켜 보면 나에게는 그때그때 분노, 외로움, 어려움을 극복하는 데 도움을 주는 종교와 취미가 있었다. 잘 만들지는 못하지만 취미로 만든 도자기들은 내가 쏟아낸 한, 분노, 억울함, 기쁨, 즐거움 등 모든 감정을 품고 하나의 결정체로 다시 태어나 내 곁에 있다.

인생에서 한 번쯤은 위기를 겪기 마련이다. 위기는 극적인 사건으로만 오지는 않는다. 오히려 벽에 생기는 미세한금, 옷깃을 적시는 아주 작은 물방울처럼 나도 모르는 사이에 찾아오는 것이 바로 위기다. 성공을 위해 최선을 다하며 전력질주만 하다 보면 위기라는 장애물을 만났을 때 그것을 뛰어넘거나 피하기는커녕 인식할 여력조차 남아있지 않을 것이다.

그러니 이제부터는 최선을 다하지 말고 차선을 다하며 일하고 남는 시간, 열정과 에너지를 자신을 위해서 쓰자. 그것이 진정 지혜로운 삶이 아닐까?

먹을 게 있으니 쉬고 오겠습니다

"새벽종이 울렸네 새 아침이 밝았네

　너도 나도 일어나 새마을을 가꾸세….."

　1970년 박정희 대통령이 모든 국민에게 부르게 한 이 노래에는 열심히 일해야 한다는 말은 있어도 쉬고 잠자는 것에 대해서는 언급이 없다. 그래서 우리나라 사람 모두가 점점 밤늦게 자는 경향이 생겼는지 모르겠다.

　외국인들은 밤거리를 헤매는 우리 청소년들을 보고 놀란다. 밤늦게 학원에서 나오는 아이들을 보며 언제 자는지, 몇 시간 자는지, 건강을 해치는 것은 아닌지 염려한다.

우리는 그 어느 나라 사람보다도 일하는 시간이 길다. 하루 24시간을 쪼개고 쪼개 낭비 없이 효율적으로 활용해야 시간관리를 잘하는 것이고 성공할 수 있다고 생각한다. 그래서 하루 종일 바쁘고, 관조나 여유는 먼 나라 이야기일 뿐이다.

학교에 있을 때 뛰어다니는 법이 없는 한 선배 교수님이 계셨다. 그래서 급히 가다 앞서가시는 교수님을 뵈면 '죄송합니다, 선생님. 먼저 가겠습니다' 하고 앞질러 뛰어다니고는 했다. 나이 들어 저러신가 했는데 젊었을 때도 뛰어다니시는 법이 없었다고 했다. 그런데 놀라운 것은 뛰어다니는 젊은 교수들과 연구 업적에서 별로 차이가 나지 않았다는 것이다.

시간이 관리 대상이 된 것은 시간을 생산성과 관계를 짓기 시작한 산업시대부터이고 나노초를 다투는 정보시대에 들어서면서부터 그 정도가 더 심해진 듯하다. 시간관리가 단순히 개인의 성공을 돕는 데서 그치지 않고 생산성과 직결되니 일의 성패를 가늠하는 결정적 요소가 된 것이다.

최근 연구 결과라며 52분간 일하고 17분간 휴식을 취하는 것이 일의 능률을 높인다는 신문기사를 읽었다. 52와

17이라는 숫자를 보면서 웃음이 나왔다. 이대로 하려고 하다간 오히려 일에 대한 몰입이 방해받을 듯했다. 또 그것은 사람에 따라 상황에 따라 다를 것이다.

우리는 근무시간 내내 집중력을 발휘할 수 없다. 그런데 어찌된 일인지 쉬지 않고 일하는 모습을 찬양한다. 심지어 혼자 사는 사람들 가운데에는 일과 결혼했다는 참으로 끔찍하고 비극적인 이야기를 서슴없이 말하는 사람도 있다. 이 얼마나 불행하고 불쌍한 사람인가.

어릴 적, 아니 대학생 때만 해도 주말이나 방학 때 빈둥대던 기억이 있다. 깨끗이 물걸레질한 마루에 화문석을 깔고 선풍기 바람 쐬으며 누워 있던 시간들. 정말 아무것도 하지 않고 빈둥대며 머리를 비웠다. 그러다가 슬며시 낮잠까지 잤다. 그리고 깨었을 때 잠을 자서 후회하기보다는 잘 쉬었기에 행복했다.

그런데 요즘 사람들한테서는 이런 빈둥댐이나 심심해하는 모습을 보기 힘들다. 젊은이들은 빈둥댈 때에도 스마트폰에서 눈과 손을 떼지 못하기에 쉼을 얻지 못한다. 오히려 피곤하기만 하다. 광고계 사람들은 밤샘 작업을 하며 직원들 머리를 쥐어짤 때 놀랍게도 기발한 아이디어가 나온다고 이야기하기도 하지만, 그렇게 쥐어짜진 머리는 왠지 금세 망가질 듯하다. 이 시대에 강조되고 심지어는 강요되기까지 하는 창의력은 쉼이 있는 빈둥댐이나 심심함에서 나온다는 사실을 모두 잊은 듯하다.

바빠 사는 삶의 문제가 얼마나 심각했으면 영국의 수학자이자 철학자인 버트런드 러셀Bertrand Russell, 1872~1970은 『게으름의 찬양』이라는 책까지 썼을까? 사실 우리는 쉬기 위해 열심히 일하는 것인데 일하는 것이 죽을 때까지 계속되어 결국 쉬지 못하고 죽음에 이르는 듯하다.

그것은 아마도 욕심 때문일 것이다. 동물은 배가 부르면 사냥하지 않는다. 부른 배가 다 꺼져 배가 고파야 먹잇감을 찾는다. 우리도 먹을 것이 있을 때는 일하지 않고 먹을 것이 떨어지면 다시 일할 수 있으면 좋겠다.

그런데 요즘같이 취직이 어려운 때 '저 이제 먹을 것이 있어 잠시 쉬었다가 먹을 것이 없어질 때 다시 오겠습니다'라고 말하며 다니던 직장을 그만둘 수는 없지 않은가? 나는 분명 '다시 오겠다'고 말해도 직장은 '다시 오지 마'라고 답할 것이 뻔하다. 그러니 잠시 쉬고 싶어도 할 수 없이 직장을 다닐 수밖에 없다.

만일 우리 모두가 먹을 것이 있을 때 '잠시 쉬고 오겠습니다'라고 말할 수 있고 또 그런 의사가 존중되고 허용된다면 의외로 취업 문제가 쉽게 해결되지 않을까? 그래서 원하는 사람 모두가 일자리를 갖게 된다면 청년들은 공부다운 공부를 할 수 있을 것이고 청년기에만 경험할 수 있는 낭만도 만끽할 수 있을 것이다. 그러다 보면 기계 같은 인간이 아니라 사람다운 사람의 모습을 보일 수 있을 것이다.

가끔 6개월 일하고 4개월 여행을 다녀왔다는 소위 프리랜서 생활을 하는 제자들을 보기도 한다. 나는 그런 말을 들을 때마다 매우 부러워했다. 그리고 요즘 젊은이들은 살 줄 안다고 생각하고는 했다. 그런데 이 프리랜서의 생활도 실력이 있어 원할 때 언제나 일감을 찾을 수 있는 그런 사람이 아니라면 경쟁이 치열하고 불안한 삶인 것이 현실이다.

그러면 어떻게 일만 하지 않고 여유를 가져볼 수 있을까? 게을러지고 싶어도 남보다 뒤떨어질 것 같은 불안감이 엄습해 와 쉴 수가 없는데 어떻게 하나? 이에 관한 명확한 해법을 알고 있다면 아마도 나는 이 글을 쓰고 있을 시간이 없을 것이다.

그러나 경쟁에 대한 의미를 곱씹어 볼 수는 있지 않을

까? 그렇게 해서 경쟁의 맨얼굴을 마주할 수 있다면 나만의 속도를 유지하며 내가 가고자 하는 길을 묵묵히 갈 수 있는 힘을 얻을 수도 있을 것이다.

쉬운 일은 아니다. 내가 선택한 것이 옳은지 자꾸 되묻게 될 것이다. 그럴 때는 이렇게 생각해 보자. 나는 왜 일을 하는지? 자주 반문하고 솔직한 답을 찾으려고 노력하다 보면 우리 삶의 속도는 자연히 늦춰질 것이다. 길을 찾으려면 운전 속도가 자연히 느려지듯이 말이다.

잃어버린 시간을 찾아서

내가 만일 40대로 돌아간다면 무엇을 하고 싶을까 생각해 보았다.

여행도 다닐 만큼 다녔고 취미생활도 이것저것 해보아 금방 떠오르는 것이 없었다. 좀더 생각해 보니 악기를 배웠으면 좋았겠다 싶었다. 좋아하는 악기는 바이올린이나 첼로였지만 얼마 전 만난 음악치료사는 피아노 치는 것이 치매 예방에 도움이 된다며 피아노를 배우라고 권했다. 그래서 올해 목표 중 하나가 피아노 배우기이다.

40대 때 악기를 배우는 것을 생각해 보지 않은 것은 아니지만 그땐 이미 늦었다고 생각했다. 이 나이까지 살 수도 있음을 미리 알았다면 그때라도 시작했을 것이고 그러면 한 30년 열심히 배웠을 것이니 지금쯤이면 피아노를 꽤 쳤을 것이다.

나는 피난을 겪은 세대이기에 유치원도 다니지를 못했고 피아노 같은 것을 배울 형편이 안 됐다. 물론 우리 세대에도 유명한 피아니스트가 나오고 또 피아니스트 수준은 아니지만 꽤 치는 친구들이 많았다. 나는 피아노를 피아니스트 수준은 아니지만 꽤 연주하는 이들을 '피아니어pianier'라고 부르는데, '피아니스pianist'를 최상급으로 보고 만든 말이다. 그러니까 내가 피아노를 배우지 못한 것은 시대의 일반적 상황이라기보다 어디까지나 우리 집 형편 탓인 듯하다. 형제 중에서는 오빠만이 유일하게 피아노를 쳤다. 하지만 우리 형제는 모두 타고난 음성이 좋아 노래를 잘했다.

형편이 나아진 1970년대에 태어난 아이들을 보면 피아노는 기본이고 잘 다루는 악기 하나씩이 있는 경우가 많아 매우 부럽다. 어제보다 나은 오늘, 더 나은 내일로 향하는 사회의 증거라고 생각하니 흐뭇하기도 하다.

그런데 나의 호기심은 여기서 멈추지 않았다. 일흔을 전후한 내 또래 다른 사람들은 40대로 돌아간다면 무엇을 하고 싶어 할지 궁금해진 나는 지인 십여 명에게 문자메시지를 보냈다. 돌아온 답변을 분석해 보니 흥미로웠다.

먼저 어느 누구도 40대로 돌아가고 싶지 않다고 답했다. 하지만 '굳이' 40대로 돌아간다면 무엇을 하고 싶을까 생각해 보았다고 했다. 전문직을 가졌던 사람들과 전업주부 혹은 전문성이 결여된 직업을 가졌던 사람들, 이 두 부류가 크게 다른 답을 주었다.

전문직을 가졌던 사람은 대부분 여러 외국어를 배우고 싶다 했고 여행을 좀더 다니면서 다양한 문화나 사고를 접하고 싶다고 했다. 단체여행으로 여기저기 찍고 오는 그런 정신없는 여행 말고 한군데에서 여러 달 머물면서 현지인들과 이야기도 나누며 그곳 생활을 체험해 보고 싶다고 했다.

세상을 보는 시각과 사고방식이 사용하는 언어에 따라 달라진다는 연구 결과를 볼 때 현지인들과의 단순한 소통을 넘어 사고의 확장을 도모할 수 있다는 면에서 외국어 학습에 대한 이야기에는 나 역시 고개가 끄덕여졌다.

반면 전문성이 요구되지 않는 일을 한 사람들은 이것저것 손대본 것은 많지만 어느 하나도 수준에 도달하지 못한 점을 아쉬워했다. 가정 형편상 원하는 만큼 공부하지 못했던 친구는 한 10년간 원하는 공부만 하고 싶다고 했다.

　　그런가 하면 책을 좀더 많이 읽었을 것이다, 40대 때부터 건강관리를 해서 지금처럼 몸이 붇지 않게 했을 것이다는 답도 있었다. 또 아이를 하나 더 낳아 기르고 싶다고 답한 친구도 있었다. 낳아 기를 때는 힘들었지만 이제 와 생각하니 하나 정도 아이가 더 있어도 좋겠다는 생각이 들었나 보다.

　　그런데 가장 가슴 아픈 답변은 평생 사고만 쳐 짐만 되어온 남편을 둔 친구가 준 것이었다. 지금껏 아이들을 생각해서 이혼하지 못했는데 40대로 돌아간다면 이혼하고 싶다는 것이 그 친구의 답이었다. 어차피 집안 경제는 자기가 모두 책임져 왔는데, 남편이 없었다면 지금보다는 좀더 나은 생활을 할 수 있었을 것이고, 무엇보다 자신은 물론이고 아이들에게도 정신적으로 많은 고통을 안겨주었기에 이혼하지 못한 것이 후회된다고 했다.

　　인생에 늦은 때란 결코 없다는 말에 100% 동의하지 않지만 40대라는 나이는 무엇인가 새로운 것을 시작하기에 결코 늦은 시기가 아니다. 지금 알게 된 이것을 그때 알아서 피아노 치는 것을 배웠더라면 지금쯤 나 역시 '피아니어'가 되어 있지 않을까. 지금 40대를 보내고 있는 사람들이 이걸 실감할 수만 있다면 얼마나 좋을까.

그날이 그날인 날들을 꼭 살아야 할까?

나는 피식 웃었다. 비행기 안에서 읽으라며 친구가 사준 책을 펴니 흰 여백에 이런 글귀가 씌어져 있었기 때문이다.

"그날이 그날인 날들을 꼭 살아야 할까?"

우리는 얼마나 많은, 그날이 그날인 날들을 살아왔던가? 그제와 다름없는 어제, 어제와 다름없는 오늘을 다람쥐 쳇바퀴 돌듯 살며, 어쩌다 다른 날이 전개되면 마냥 기뻐하는 우리들이 아니던가?

그렇게 살다가 은퇴하면 후회하는 것들이 많을 것 같았다. 그래서 가능한 한 새롭고 즐거운 경험을 하자고 다짐하고 가장 많이 실천에 옮긴 일이 여행이었다.

내가 30대일 때 캐나다로 여행을 갔다가 본 노년의 여행객들의 모습이 지금도 잊히지 않는다. 버스에서 내려서는 그저 나무 그늘에 앉아 있다가 다시 버스를 타고 이동하는 그들은 보아야 할 것들을 보지 못하고 있었다. 그때 여행은 젊어서 하고 나이 들면 흔들의자에 앉아 앨범을 보며 좋았던 젊은 시절을 회상해야 한다는 것을 깨달았다.

여행을 하다 보면 기억에 남는 사람과 장소가 생긴다. 아주 오래전 일인데도 그때 그 사람이 궁금해질 때가 있다.

알래스카를 여행했을 때의 일이다. 1달러 주고 탄 버스 속에서 나는 창밖을 내다보며 열심히 상점의 간판을 읽고 있었다. 길 양쪽 상점의 간판을 쉽게 읽을 수 있었던 것은 나의 시력이 좋아서가 아니라 차선을 논할 필요가 없을 만큼 도로가 매우 좁았고, 버스가 걸어가는 것과 별로 다르지 않은 속도로 움직이고 있었기 때문이다.

알래스카의 작은 항구 마을 스케그웨이Skagway, 거기서도 작은 골목길 같은 곳에 '브로드웨이Broadway'라는 이름의 길이 있었다. 웃음이 나왔다. 이 작은 길이 '브로드broad웨이way' 넓은 길이라니.

그 길 6번가에 책방이 있었다. 한여름 가장 붐빌 때도 유동인구가 800명을 크게 넘지 않는 이 작은 도시에서 책방을 하는 사람은 어떤 사람일까?

문을 열고 들어서자 비발디의 「사계」 중 「봄」이 흘러나오고 있었다. 늦은 5월 알래스카에서는 봄이 막 시작되고 있었다. 음악이 좋아서인지 책방의 작은 규모에 놀라서인지 나는 쉽사리 발을 떼어놓을 수가 없어 문에 서서 안을 둘러보았다.

카드, 그림엽서, 책 그리고 이름 모를 화가들의 그림. 한 발자국 내딛자마자 마루에서 삐거덕 소리가 났다. 나는 음악에 방해가 되지 않도록 더욱 조심스럽게 발을 옮겼다.

한구석에서 동화책을 집어 읽고 있는데 여주인이 다가왔다. 단정히 차려입은 옷, 곱게 빗어 넘긴 흰머리, 잘 살아온 것이 증명되는 곱디고운 모습, 반짝이는 안경 너머로 웃고 있는 다정한 눈, 조용한 목소리로 그 책을 쓴 작가에 대해 알고 있느냐고 내게 물었다. 내 대답을 듣고는 작가에 대해 열심히 설명해 주며 그 작가가 쓴 또 다른 책을 보여주었다.

그 설명을 들으며 나는 이 가게 주인이 자기가 하고 있는 일을 매우 즐기고 있음을 피부로 느낄 수 있었다. 나도 은퇴 후 하고 싶은 일을 하면서 이렇게 아름답게 살아갈 수 있다면 얼마나 좋을까? 부러운 생각이 들었다.

설명이 이어질수록 나는 그녀의 전직이 궁금해지기 시작했다. 국어 선생님? 사서? 작가? 조카손주를 위해 두 권의 책을 집어 들며 기어코 물어보았다. 책 서평을 쓰거나 도서관에서 책을 읽어주었다는 주인의 대답은 나의 짐작에서 크게 빗나가지 않았다.

가을이 되면 생필품을 파는 상점을 제외하고는 모두 문을 닫는 이 도시에서 책방을 하는 그 사람은 남을 짓밟으며 치열하게 싸우며 살아왔을 것 같지 않았다. 필시 경제적 여유보다는 마음의 여유가 훨씬 큰 삶을 살아왔을 것이다.

고등학교 동창들은 졸업한 지 30년이 되던 해부터 만나 축하행사를 해왔는데, 2015년이면 졸업한 지 50년이 된다. 아마도 우리가 즐기며 준비할 수 있는 마지막 동창 모임이 될 것이라는 생각에 1년여 전부터 50주년 행사를 준비했다.

그중 하나가 동창주소록 만들기였다. 주소록에 넣은 컬러사진 수집의 책임을 맡은 친구가 연락을 했다. 공공기관에서는 최근 6개월 또는 3개월 이내 찍은 사진을 요구하지만 동창회에서는 그런 제한을 두지 않으니 친구들이 기억해 주었으면 하는 모습의 사진을 보내달라고 했다.

그리고 몇 달이 지나 나는 우연히 주소록 교정을 맡게 되었다. 친구들의 사진을 보니 그동안 살아온 삶이 한눈에 들어왔다. 학교 때 예뻤다고 기억하는 한 친구는 얼굴이 많이 상해 있는가 하면, 전혀 눈에 띄지 않았던 한 친구는 '참으로 잘 살아왔구나!'라는 감탄이 절로 나오는 미소를 짓고 있었다.

내가 스무 살 때 어머니는 마흔이 넘어서는 자기 얼굴에 책임을 져야 한다고 말씀하셨다. 그때는 그 말이 무슨 뜻인지 잘 이해하지 못했다. 딸을 예쁘게 낳지 못한 사람의 책임전가같이 느껴지기도 했다.

이제야 나는 그 말의 뜻을 이해한다. 내가 살아온 삶은 얼굴에 분명한 흔적을 남긴다. 알래스카 책방 주인이나 주소록 속 동창의 미소 띤 얼굴은 그날이 그날 같지 않게 살아온 삶이 빚어낸 작품일 것이다.

'덕분에'와
'때문에'의
차이

어느 날 아침 울릉도 여행에서 처음 만나 좋은 룸메이트가
되어준 분으로부터 문자로 '경영의 신'으로 불리는 마쓰시
타 고노스케松下幸之助, 1894~1989의 말을 받았다.

'덕분에'는 긍정적인 정신을, '때문에'는 부정적인 정신
을 심어준다는 것이었다. 가난한 집안에서 태어났기 '때문
에' 요모양 요꼴이라고 말하는 사람이 있는가 하면 가난한
집안에서 태어난 '덕분에' 일찍이 자립심을 키울 수 있었
다고 말하는 사람도 있다.

커뮤니케이션에 관해 책 한 권을 쓴 사람으로서 뒤통수

를 맞은 기분이었다. 이번에도 삶의 지혜는 책의 지식을 능가했다. 그래서 그날은 하루 종일 '때문에'를 '덕분에'로 고쳐보았다.

어려서 유난히 몸이 약해 툭하면 병이 났기에 나는 몸이 나에게 하는 이야기를 예민하게 듣는다. 쉬어주어야 하는구나라고 느껴질 때에는 쉬어야 한다. 그래야 병이 나지 않는다. 어려서 몸이 약했던 '덕분에' 나는 건강을 잘 관리할 수 있게 된 것이다.

주위를 돌아보며 얼마나 많은 사람들이 '덕분에'라는 생각을 하며 살고 있는가도 관찰해 보았다. '때문에'를 '덕분에'로 고쳐 생각하는 것은 긍정적 태도의 구체적인 실천 요강이 되는 듯하다. 이런 생각을 하다가 말의 중요성을 다시 한 번 깨닫게 되면서 덕이 되는 말하기 운동이라도 벌이고 싶은 마음이 생겼다.

유방암으로 투병한 친구에게 암 진단을 받고 치료하면서 무슨 생각을 가장 많이 했는지 물어본 적이 있다. 친구는 그동안 자기가 한 말에 상처받았을 사람들이 가장 많이 생각났다며, 무사히 치료를 마치고 다시 살게 된다면 덕이 되는 말만 해야겠다고 했다.

친구의 이 말은 나에게도 반성의 기회를 주었다. 학생을 위한 것이라고는 하지만 가르치는 과정에서 내가 한 말에 상처받았을 수많은 학생들이 떠올랐다. 선생이라는 입장, 소위 갑이라는 입장에서 내가 한 말은 을에게는 횡포로 여겨졌을 가능성이 높다.

문장에 주어가 빠진 것이, 조사가 틀린 것이, 시제가 맞지 않는 것이, 내용이 논리적으로 전개되지 않은 것이 살아가는 데 그렇게 중요한 문제일까. 그저 양심적으로 바르게 사는 것, 손해를 좀 보더라도 베풀며 사는 것이 중요함을 더 강조했어야 했다. 그래서 가끔 언론에 보도되는 갑의 횡포를 접할 때마다 내 마음 한구석이 찔리는 걸 느낀다.

'때문에'를 '덕분에'로 바꾸는 노력은 나의 생각이나 말뿐만 아니라 태도도 바꾸어놓았다. 다른 사람의 이야기를 듣고 기분이 상할 때 곧바로 내가 그 말을 듣기 좋은 표현으로 수정해서 기억하려고 한다. 전에는 '말하는 것 좀 보게, 정말 밥맛이네'라고 생각했지만, 이제는 '이렇게 이야기했다면 더 좋았을 텐데, 참 아쉽다'라고 되뇐다.

이렇게 하면 내 마음이 좀더 편해질 뿐만 아니라 그 사람과의 관계도 개선되는 효과가 있다. 그러나 아직 이런 과정이 자연스럽게 일어나는 것이 아니고 신경 쓰며 노력해야 되는 것을 볼 때 갈 길이 먼 것을 깨닫는다.

지금까지 살아오면서 어떤 사람이나 사건 '때문에' 내 인생이 빗나가기 시작했다는 생각이 든다면 한번 '덕분에'로 고쳐보자. 처음에는 말도 안 되는 소리로 여겨질지 모르지만 자꾸 시도하고 고민하다 보면 그런 사람이나 사건에도 감사할 부분이 있음을 느낄 수 있을 것이다.

결혼하지 않았기 '때문에'라고 말하던 것을 결혼하지 않은 '덕분에'라고 바꾸어보면 의외로 결혼하지 않아서 경험할 수 있는 장점들이 많음을 비로소 인식하게 된다. 그래서 '덕분에' 잘살고 있는 사람이 되었으면 한다.

아침의
커피
산책

주전자에 물을 끓인다. 오늘은 무슨 커피를 마실까? 이른 아침부터 남미와 아프리카를 여행한다.

그러다 한 곳을 맴돈다. 그래 오늘은 이것을 마시자. 커피에게 말한다. 네가 오늘 나에게 선택되었으니 너는 운이 좋은 거다. 아니지, 내가 너를 만났으니 내가 운이 좋은 건가? 그래, 우리 모두 운이 좋다고 하자고 합의한다.

그리고 운 좋은 커피를 분쇄한다. 향을 맡는다. 음~ 좋다. 현대인을 사로잡은 기호식품 중 커피만 한 것이 없는 듯하다. 처음 커피 열매를 찾아냈다는 목동 칼디에게 감사한다.

비탈진 산으로 양 떼를 몰던 어느 화창한 날 칼디가 한눈판 사이 커피 열매를 갉아먹고 춤을 추기 시작한 양들. 신기한 나머지 양들이 먹은 새빨간 열매를 맛보고 역시 기분이 좋아져 율법학자에게 알렸다가 악마의 약을 먹었다며 호되게 야단맞은 칼디. 후에 그 율법학자가 졸지 않고 밤새 기도하기 위해 그 열매를 먹는다는 것을 알고 느꼈을 배신감. 이런 상상을 하며 전기주전자에 물을 붓고 스위치를 누른다. 상상은 자유니까.

추워서, 외로워서, 좋아서, 무언가 그리워서 그리고 궁금해서 찾게 되는 커피. 대학 때 방송국 아르바이트를 하며 만난 담당 PD에게 왜 담배를 피우냐고 물었더니 이런 답을 들려주었다. "궁금해서 피운다." 담배 한 개비를 피우고 나면 얼마 지나지 않아 다시 담배 맛이 궁금해진단다. 그래서 손이 절로 담뱃갑으로 간다고 했다. 커피에도 이런 중독성이 있다.

어느 날 친구의 권유로 커피전문가 과정을 수강했다. 수십 년을 마셔온 커피이지만 내가 잘못된 상식을 가지고 있었다는 깨달음과 맛의 즐거움이 함께하다 보니 강의가 있는 월요일 저녁은 흥미진진했다. 한 가지 단점이 있다면 늦은 저녁 여러 잔의 커피는 잠 못 이루는 밤을 안겨주어 다음 날 더 많은 커피를 마시게 한다는 것이었다.

탁 하며 전기주전자 스위치가 꺼진다. 물이 다 끓었구나. 드립포트, 드리퍼, 서버, 그리고 커피 잔을 뜨거운 물로 덥힌다. 보통 섭씨 85도에서 95도 사이의 뜨거운 물을 사용하지만 나는 섭씨 87도가 될 때까지 기다린다.

그 사이 드리퍼에 종이필터를 넣고 분쇄한 커피를 옮겨 담는다. 두 번 정도 드리퍼 중심에 물을 붓는다. 커피가 서서히 젖어든다. 내 마음에 벌써 커피 향이 스며들기 시작한다. 다시 물을 붓는다. 가운데부터 시작하여 원을 그리며 예닐곱 번 돌아 주변까지 나온다. 부은 물이 3분의 2 정도 줄어들면 다시 두 번째, 세 번째 물을 붓는다. 걸리는 시간은 2분 정도. 그 2분 동안 나는 최대한 집중한다.

드리퍼에서 서버로 커피가 줄줄 내려간다. 그 떨어지는 모습을 보며 어릴 때 보았던 처마에서 떨어지는 빗방울을 떠올린다.

커피가 제대로 추출되면 드리퍼에는 가장 소중한 것을 인간에게 내어준 커피가 썰물 후 해변가 모래처럼 얌전히

숨을 고르고 있다. 모래를 남겨두고 빠져나온 바닷물은 내 컵에 들어 있다. 그 바닷물에 어제가 남긴 기분 나쁜 찌꺼기를 흘려보낸다. 아침마다 나는 맛있는 커피를 마시며 아름다운 해변을 거닌다.

이렇게 즐기던 커피인데 어느 날 의사로부터 커피를 끊으라는 권고를 들었다. 커피를 끊고 건강하게 살 것이냐 아니면 커피를 마시며 즐겁게 살 것이냐. 고민에 빠졌다. 인생을 살다 보면 타협해야 할 때가 있는데, 바로 그런 순간이었다.

나는 커피를 완전히 끊을 수는 없어 더치커피를 마시기로 했다. 멋있는 전용기구도 샀다. 더치커피는 찬물로 한 방울씩 무려 8시간을 추출하기에 카페인이 적다고 들었기 때문이다.

그런데 어느 날 더치커피에도 다른 커피와 비슷하게, 아니 오히려 더 많은 양의 카페인이 들어 있다는 신문기사를 읽었다. 난감했다. 어떻게 하나. 한동안 그 기사를 못 본 척했다. 그런데 마음이 편치 않았다.

그래서 요즘은 포도주 잔에 얼음을 넣고 커피를 담은 후 맛을 보고 찬물을 더해 마신다. 그것으로 도저히 만족이 안 될 때는 가끔 뜨거운 커피를 만들어 입에 한 모금 넣고 음미한 후 삼킨다. 뜨거운 커피가 목구멍을 넘어 식도를 타고 내려갈 때 나는 다시 살아나는 느낌이 든다.

건강에 어떤 영향을 주든 기호식품은 하나 정도 즐겨도 좋지 않을까? 소중히 여기고 아껴두다가 나에게 상으로 주는 거다. 그날이 그날 같은 삶을 오늘도 열심히 살아낸 장한 나를 칭찬해 주는 거다.

"오늘도 수고했어요!"

의외의
배려는 오래
기억된다

캐나다 재스퍼의 이디스캐벌 산은 서울의 북한산을 많이
닮았다. 아침 이른 시각이기도 했지만 오염되지 않은 찬
공기가 내 뺨을 때렸다. 6월 초였지만 두툼한 보온용 운동
복에 윗도리를 걸쳐야 걷기에 알맞았다. 산허리에 걸쳐 있
는 비안개인 듯한 구름은 시시각각 새로운 그림을 그리고
있었다.

얼마를 걸었을까. 길모퉁이에 빙하처럼 맑은 하얀 건물
의 음식점이 눈에 띄어 문을 열고 들어섰다. 아마도 우리
가 첫 손님인 듯했다. 푸른 하늘에 수채화처럼 흐르는 물

소리 같던 맑은 음악이 어느새 눈물을 흘리듯 흐느끼고 있었다. 귀에 익숙하지 않은 악기다. 무슨 악기일까?

주인에게 물으니 그리스 악기 부주키이며 연주되는 음악은 그리스의 전통음악이라고 알려주었다. 7년 전 그리스에서 이곳으로 온 주인의 정성이 음식점 구석구석에 스며 있었다. 나는 어떻게 이곳에 오게 되었는지, 전에는 무슨 일을 했는지 묻지 않았다. 주인의 모습에서 욕심 없이 편하게 사는 사람이라는 느낌을 받은 것으로 충분했다.

주문한 음식이 아름답게 담겨져 나왔다. 정성스럽게 쌓아놓은 모래성을 흩뜨리기 아까워하는 심정으로 한동안 손을 대지 못하고 담겨진 음식을 감상했다.

내 주변에는 음식점을 고르는 데 특이한 기준을 가지고 있는 사람들이 있다. 음식 맛이야 어떻든 식탁 위에 촛불만 켜져 있으면 만족해하는 친구가 있는가 하면, 식탁보와 생화가 갖추어져 있어야 만족하는 친구도 있다.

물론 나도 초, 꽃, 예쁜 식탁보를 좋아하지만 특히 음식이 담겨져 나오는 모습에 관심을 갖는다. 음식은 입으로만 먹는 것이 아니라 눈으로도 먹기 때문이다. 이러한 나의 관심을 알아주기라도 하듯 참으로 예쁘게 음식이 담겨 있었다.

식사 기도를 하고 음식을 먹는데 어느덧 음악은 찬송가로 변해 있었다. 아마도 주인이 일행인 큰언니와 내가 식사 기도를 하는 모습을 보았나 보다.

큰언니는 갑자기 그 찬송가 제목이 「참 아름다워라」라고 했다. 큰언니가 평소 음악에 조예가 없다는 것을 알기는 했지만, 같은 부모 밑에서 태어나 함께 성장했고 같은 교회를 다닌 내가 알고 있는 「참 아름다워라」와는 무척 달랐다.

잠시 우리는 말없이 먹기만 했다. 그러나 머릿속에서는 똑같은 생각이 전개되고 있었다. 이 찬송가의 제목이 무엇이더라? 큰언니가 먼저 침묵을 깼다.

"아니다. 「주 하나님 지으신 모든 세계」다. 그러나 애, 주 하나님이 지으신 모든 세계가 이렇게 아름다우니 내용적으로는 「참 아름다워라」와 같은 것 아니니?"

나는 웃지 않을 수가 없었다.

음식점을 나오며 생각했다. 식사 기도를 한다고 음악까지 찬송가로 바꾸어주는 배려를 할 줄 아는 주인은 자기가 하고 있는 일에 충실한 사람이라고. 아마도 나는 이 음식점을 다시 찾을 기회가 없을지도 모른다. 그러나 이 음식점이 틀림없이 잘되리라고 믿었다. 오래오래 기억하고 싶어서 걸어오다 뒤돌아 다시 음식점을 보았다.

'팰리세이즈 레스토랑The Palisades Restaurant'

2001년의 일이기에 나는 아직도 그 음식점이 그곳에서 영업하고 있는지 알지 못한다. 전망이나 음식 맛으로 최고였던 곳은 아니다. 그러나 아직도 기억하고 있는 것은 아침 산책하러 나갔다가 우연히 들렀던 음식점에서 의외의 배려를 받았기 때문일 것이다.

그래서 생각해 보았다. 남편과 아이를 보살펴야 하는 주부, 직장과 가정을 모두 보살펴야 하는 '직장맘'보다는 혼자 사는 사람들이 주변 사람들에게 이런 배려를 베풀기 시작한다면 주위로 사람들이 모일 것이고 그러면 세상은 좀 더 훈훈해지지 않을까? 한번 부지런을 떨어 아침식사에 손님을 초대해 봐?

나의
국제
시장

영화 『국제시장』을 보면 아이들이 '기브 미 초콜릿'이라 외치며 유엔군을 따라가는 장면이 나온다. 그것은 다름 아닌 나의 모습이었다.

처음 유엔군에게서 받아먹은 것은 껌이었다. 밥을 제대로 먹지 못해 배가 고프고 고팠던 나에게 다디단 미제 껌은 맛이란 무엇인지 알려준 첫 먹거리였다. 단맛이 다 빠지고도 그 껌을 버리지 못하고 몇 시간을 계속 씹었다. 그래서인지 나는 지금도 껌을 질겅질겅 잘 씹고 다닌다.

영화 속 아이들과 나의 차이점은 껌을 주는 군인에게

혼자 살면 보이는 것들

'땡큐'라는 말을 한 것이다. 군인들은 그런 내가 기특했는지 그 말을 듣고는 꼭 껌이나 초콜릿을 하나 더 주곤 했다. 정말 '땡큐'였다.

내가 40개월이 채 안되었을 때 한국전쟁이 났다. 그날이 그날 같은 날의 연속이었다면 그 어릴 때의 일을 기억할 리 없지만 전쟁 때의 나날은 특별한 경험의 연속이었기에 중간중간 끊긴 필름처럼 장면들이 기억에 남았다. 전쟁 후 부모님께 들은 설명으로 끊어진 부분을 이은 그날들은 지금도 제법 또렷이 생각난다.

우리는 1·4후퇴 때 인천에서 배를 타고 부산으로 피난을 가려고 했다. 그러나 우리 가족이 탄 배가 부산항에 도착했을 때 부산은 이미 흥남에서 온 피난민으로 포화 상태였다. 그래서 우리는 배에서 내리지 못하고 대기하고 있었고 총을 든 군인들이 우리를 지켜주었는데, 그들은 먹지 못해 눈이 퀭한 아이들에게 껌이나 초콜릿을 주었다.

나는 그때 처음 서양사람을 보았다. 하얀 피부에 눈이 파란 사람들. 세상에는 저렇게 생긴 사람도 있구나. 감탄이 절로 나왔다. 도무지 사람 같지가 않아 입을 벌리고 쳐다보는 우리 남매가 측은했는지 그들은 자리를 뜨기 전 껌을 한 개 더 주었다. 아버지는 우리 대신 '땡큐'라고 하셨고, 우리는 그 생소한 말 '땡큐'를 따라 했다.

결국 우리는 부산에서 내리지 못하고 또 어디론가 가야 했다. 그리고 도착한 곳이 제주도였다. 비좁은 배에서 빠져나와 모래사장을 밟는 그 기분은 지금도 잊을 수가 없다.

그 사이 외할머니는 어디선가 무 하나를 구해오셔서는 우리에게 주시려고 칼을 꺼내 무를 네 쪽으로 자르려고 했다. 그것을 본 아이들이 하나둘 모여들기 시작하더니 곧 할머니를 중심으로 큰 원을 그렸다. 그러고는 모두 숨죽인 채 무를 뚫어져라 바라보았다.

할머니는 모든 아이들에게 나누어주기 위해 무를 가능한 한 얇게 저미셨다. 그러고는 누가 가장 오래 먹나 보겠다는 말과 함께 무를 나눠주시기 시작했다.

드디어 내 차례가 되었다. 나는 너무 긴장한 나머지 무를 받다가 그만 놓치고 말았다. 순간 아이들은 모두 '아!' 하는 신음소리를 냈다.

할머니는 떨어뜨린 조각은 씻어 먹으면 된다고 하며 새 조각을 주셨다. 나는 너무 얇아서 뒤가 훤히 비치는 무 조각을 아주 조금 깨물어 입에 넣었다. 그 이후로는 그렇게

혼자 살면 보이는 것들

오래 음식을 씹어본 기억이 없다.

이렇게 나의 피난생활은 시작되었다. 피난민 수용소에서는 한 천막에서 많은 사람이 자야 했기에 반듯이 드러누울 수가 없어 모로 누워 자야 했다. 게다가 밤에 화장실에 가는 사람이 생기면 모두 일어나야 했다. 한쪽에서는 우유 가루를 배급받기 위해 줄을 섰고, 또 한쪽에서는 배급받은 우유를 먹고 배탈이 나 화장실 앞에 줄을 섰다.

어쩌다 밥을 지으려면 하나둘 사람들이 모여들었다. 밥은 곧 죽으로, 결국엔 죽도 아니고 물도 아닌 정체를 알 수 없는 것으로 변했고 우리는 그것을 마시며 허기를 달래야 했다.

아버지는 먹을 것을 구하려고 선창가에 나가곤 하셨는데 그럴 때면 나를 데리고 가셨다. 나에게 가만히 앉아 있으라고 당부하고는 해녀처럼 바닷속으로 들어가신 아버지가 한참 동안 나오시지 않으면 나는 선창가에 배를 대고 엎드려 바닷물에다 대고 아버지를 불렀다. 아무리 불러도 대답 없어 영영 나오시지 않을까 겁이나 울먹거릴 때쯤 아버지는 미역을 번쩍 들어보이며 물 밖으로 고개를 내미셨다. 그 미역은 그날 저녁밥상에 올랐다.

먹을 것도 입을 것도 없었지만 아이들은 모여 놀았고 또 싸웠다. 어른들은 그런 아이들을 먹이기 위해 전전긍긍했다. 아버지는 전쟁 때 우리를 굶게 한 것을 돌아가실 때까지 가슴 아파하셨다. 그러나 너무 어려서인지 배가 많이 고팠다는 기억만 있을 뿐 그것이 상처로 남지는 않았다.

무엇보다 우리 가족은 함께였다. 그것으로 충분했다. 피난민 천막촌에서 셋방으로, 셋방에서 작은 집으로, 부산으로, 다시 서울로 오기까지 여러 곳으로 이사를 다녔지만 그때마다 조금씩 나아지는 주거환경이 나는 그저 좋았다.

되돌아보면 어렸을 때 경험한 피난생활은 나의 인생에 득이 되었다. 배고픔이 어떤 것인지 알게 되었고, 물자의 소중함을 깨달았고, 모든 것을 아껴 쓰는 절제도 배웠다.

그리고 무엇보다 없는 가운데서도 충분히 나눌 수 있고 그럼으로써 삶이 더 풍요로워질 수 있음을 온몸으로 배웠다. 모두 내 인생의 소중한 자산이다.

물건에
집착하지
않기

내가 지금 살고 있는 곳은 신축 아파트인데도 조경이 참 좋은 편이다.

처음 집을 보러 왔을 때 창밖은 삭막하기 이를 데 없었는데, 몇 달 뒤 이사 준비를 위해 들렀을 때 멋있는 소나무 몇 그루가 심어진 것이 거실을 통해 보여 깜짝 놀랐다. 창이 있는 쪽은 한 폭의 동양화를 걸어놓은 듯했다. 거실 밖 소나무가 거실 안 분위기까지 바꿔놓은 것이다. 아파트 조경을 담당한 회사와 직원에게 고마울 뿐이었다.

소나무를 보며 즐거워하던 초겨울 어느 날 창밖에서 크

레인 소리가 나 내다보니 길가 쪽에 박수근 화백의 「나목」을 연상케 하는 멋진 나무를 심고 있었다. 이렇게 고마울 데가! 따끈한 커피나 코코아라도 한잔 만들어드릴까? 그러다가 나는 그냥 창밖을 내다보며 돌아올 봄을, 모든 잎이 솟아날 그때를 조용히 기다리기로 했다.

소나무, 대나무, 매화나무를 세한삼우라고 했던가? 거실 밖에는 소나무가 있고, 거실에서는 대나무과에 속하는 개운죽을 기르고 있으니 대나무라 하고, 그러고 보니 매화나무만 없구나. 여러 해 전 들여놓을 기회가 있었던 매화 항아리가 생각났다.

만발한 매화가 가득 그려진 그 항아리는 어느 유명 도예가의 작품이었다. 그분은 항아리를 완성하고 친구에게 살 의향이 있는지 물었고, 좋은 작품이라 생각한 친구가 나에게도 알려준 것이다. 하지만 나는 사지 않기로 결정했고 아마도 친구가 그 항아리를 두 개 다 샀을 것이다. 그 작품을 샀더라면 지금쯤 나는 세한삼우를 집 안에서 즐길 수 있었을 텐데. 아쉽다, 그때 무리를 할걸.

하지만 그땐 나에게 그럴 만한 여유가 없었다. 그리고 무엇보다도 전쟁이 나에게 남긴 배움, 물건에 집착하지 않는 습관이 몸에 배어 있었다.

아버지는 피난을 떠나면서 귀중품을 방 하나에 모두 집
어넣고 큼지막한 자물쇠로 방을 잠갔다. 그리고 피난을 가
지 않고 우리 집에 남겠다던 어느 노파에게 그 방 열쇠를
맡겼다. 하지만 그 노파의 손자가 공산당 당원이 될 줄 누
가 알았겠는가?

전쟁이 끝나고 피난지에서 선발대로 집을 정리하러 올
라온 아버지와 큰언니는 잠가두었던 방이 난장판이 되어
있는 모습을 보았다. 방 안에 있던 물건 중 귀중품은 모두
가져갔는지 남아 있는 게 없었고, 헝겊 조각이 빽빽이 담
겨 있던 고리는 마당에 내팽겨쳐져 있었다. 이리저리 밟힌
발자국에 멍들어 흙바닥에 널브러져 있던 헝겊 조각들. 집
으로 돌아가는 길에 외할머니는 그동안 모아온 그 헝겊 조
각들을 제일 궁금해하셨다.

외할머니는 바느질 솜씨가 좋아 가족뿐 아니라 친척들
의 한복을 숱하게 지으셨는데, 새로운 옷감이 나오면 나중
에 이 모든 것이 역사적 자료가 될 것이라며 그 조각을 모
아오셨다. 옷감을 일정한 크기로 자르고 거기에 구입 일자
와 사용처 등의 정보를 자세히 기록한 다음 고리에 차곡차

곡 정리해 두셨다. 오랜 기간 그렇게 모은 헝겊은 큰 고리 하나를 가득 채웠다.

그 가치를 알아보지 못했다면 그냥 두어도 좋았을 것을 마당에 집어던져 못 쓰게 되고 말았다. 외할머니는 살아 생전 그 헝겊 조각이 남아 있다면 좋은 자료가 되었을 것이라는 말씀을 자주 하셨다. 외할머니의 아쉬움은 나의 기억보다 훨씬 오래 남았다.

그 이후로 우리 집에서는 값나갈 물건을 사들이지 않았다. 물론 그럴 경제적인 여유도 없었지만 그보다는 그런 것을 모은다는 것에 대한 허무함이 더 커서인지 애착을 갖지 않았던 탓이 크다. 아마도 이런 집안 분위기의 영향을 받았을 것이다. 나는 매화가 예쁘게 그려진 그 항아리를 사지 않겠다는 결정을 쉽게 내렸다.

세한삼우면 어떻고 세한이우면 어떠랴, 꼭 구색을 갖추어야 하는 것이 아니지 않겠는가? 갖고 있는 것을 정리할 나이에 또 무엇을 늘리겠다는 것인가?

올봄에는 눈부신 봄 햇살 아래 흐드러지게 핀 매화를 직접 보고 두 눈에 담아 올까 한다.

'엄마의 딸'이 아닌 '엄마와 딸'

얼마 전 대학원에서 석사논문을 준비하는 딸을 위하여 설문지를 들고 다니는 어머니를 보았다.

여러 사람에게 설문조사에 응해달라며 부탁하는 그 어머니는 부끄러움보다는 뿌듯함이 앞선 모습이었다. 딸을 위해 열심히 뛰고 있는 자신의 모습이 자랑스러운 듯했다.

그러나 나는 대학원에 다니는 딸은 무엇을 하고 어머니가 설문지를 대신 들고 다니는 것인지 의아했다. 자신이 직접 설문지를 가지고 다니며 부탁하고, 거절도 당해보고, 또 응답자들의 태도를 관찰하면서 미처 생각하지 못했던 것을 깨닫게 되기도 한다. 이 모든 것들이 논문을 쓰는 과정에서 배우게 되고 또 배워야 하는 것들이다.

그런데 그 딸은 본인이 직접 하지 않기에 소중한 학습의 기회를 놓치고 있었다. 딸이 석사 학위를 받고 난 후에 그 어머니는 딸을 위해 또 어떤 일들을 언제까지 더 해줄 것인가? 대학원에 다닐 정도로 성장한 딸이 자기 일을 스스로 하도록 내버려둘 수는 없을까?

혼자 이런저런 생각을 하다가 아마도 저 어머니는 딸이 걸스카우트에서 활동했다면 딸 대신 과자도 들고 다니며 팔아주었을 것이라는 생각이 들자 미국에서의 경험이 생각났다.

미국에서 걸스카우트는 봄가을 과자를 팔아 기금을 마련한다. 마트나 백화점에 가면 과자를 파는 어린 소녀들을 심심치 않게 볼 수 있다. 대개 부모는 멀리서 이러한 모습을 지켜보고만 있다.

가끔 근무처에도 직장 동료들의 딸들이 와 과자를 들고 각 방을 다니며 정중하게 사달라고 부탁했다. 딸 대신 과자를 들고 와서 사달라고 요청하는 사람은 아무도 없었다. 아이들의 모습이 기특해서 과자를 즐겨먹지 않으면서도 사주다 보면 그다음 번 걸스카우트 과자 팔기 행사 때까지 과자가 남아 있는 적도 있었다.

미국에 사는 작은조카가 초등학교 2학년일 때 보이스카 우트보다 어린 학생들이 속하는 컵스카우트에서 기금을 모으기 위해 초콜릿을 판 적이 있었다. 학교에서 초콜릿을 받아온 날 두 시간 동안 땀을 뻘뻘 흘리며 동네를 돌았지 만 하나도 팔지 못했다. 집에 돌아온 조카는 모두들 이미 샀다고 하거나 심지어는 문도 열어주지 않았다며 울었다.

우는 아들을 보는 언니는 염려가 되었다. 초콜릿을 팔지 못했다고 우는 저 아이가 앞으로 미국에서 어떻게 살아갈 수 있을까? 아는 사람들에게 전화를 걸어 팔아줄까? 언니 는 그건 아니라는 생각이 들었다. 자기 스스로 헤쳐 나가 며 살아야 하니까 본인이 스스로 해결하도록 두자고 마음 먹고 울어도 달래주지 않고 내버려두었다.

다음 날 학교에서 돌아온 조카는 부리나케 목욕을 한 뒤 젖은 머리를 8대 2 가르마로 단정히 빗고는 컵스카우트 유 니폼을 입고 거울 앞에서 열심히 웃는 표정을 연습했다. 그러고는 초콜릿을 들고 나가더니 몇 시간 후 놀랍게도 모 두 팔고 돌아왔다. 어제와는 정반대의 성과를 올린 것이다.

연유를 물으니 첫날은 유니폼도 입지 않았고, 문을 열어
준 사람에게 '사주시겠어요'라고 물었다는 것이다. 둘째
날은 유니폼을 입고, 문을 열어준 사람에게 웃으면서 '몇
개 사주시겠어요'라고 말을 하니 적어도 한 개는 사주더라
는 것이다.

조카는 유니폼을 입었을 때 다른 인상을 준다는 것을 발
견했고 웃는 얼굴에 침 못 뱉는다는 것을 확인했고 더 중
요한 것은 말을 어떻게 하느냐에 따라 대응이 다르다는 것
을 스스로 깨쳤다. '사주시겠어요'라고 물으면 '안 살래요'
라고 답할 수 있지만 '몇 개 사주시겠어요'라고 물으면 '안
살래요'라는 답이 나올 수 없다는 것을 깨달았던 것이다.

이렇게 소중한 것을 스스로 경험을 통해 체득했다. 지금
성공한 CEO로 미국의 대기업에서 일하고 있는 것은 아마
도 어렸을 적 엄마의 도움 없이 스스로 문제를 해결해 가
며 성장한 결과라고 볼 수 있다. 그때 엄마가 나서서 초콜
릿을 대신 팔아주었다면 조카는 아직도 독립하지 못한 채
부모에게 기대어 살고 있을지 모른다.

혼자 사는 여성 중에는 정서적으로 독립하지 못하고 아
직까지도 부모, 특히 엄마에게 정서적으로 의존해 사는 딸

이 많다. 애인 없이는 살 수 있지만 엄마 없이는 살 수 없다고 말하는 이 딸들은 엄마와 친구 같다며 사람들의 부러움을 사기도 하지만 자아가 상실된 의존에 빠져 있는 경우가 많다.

엄마가 만든 계획표에 따라 학원을 다니고, 엄마가 원하는 대학, 학과에 진학하며, 졸업 후에는 엄마가 원하는 회사에 취직하고, 엄마가 소개해 주는 남자들을 엄마가 사준 옷을 입고 나가 만난다. 부엌 일은 엄마 몫이었으니 해 먹을 줄 아는 게 하나도 없다.

엄마가 시키는 대로 하며 사는 동안 계속 들어온 말은 '너는 할 수 있다'이다. 한때는 이 말이 자신감을 불러일으킨다고 믿기도 했다. 어렵고 힘들 때마다 최면에 걸린 듯이 말을 상기하며 이겨냈다. 그런데 어느 날 문득 이 말이 매우 낯설게만 느껴진다. 왜일까? 한 번도 자신이 할 수 있는 일을 스스로 생각해 본 적이 없기 때문이다.

조금 과장되긴 했지만 이런 모녀를 주변에서 심심찮게 볼 수 있다. 이런 모녀 관계는 '엄마와 딸'이 아닌 '엄마의 딸'의 관계다. 그러나 평생 '엄마의 딸'로 있을 수만은 없다. 그것은 자기를 죽이고 엄마와의 관계를 망치는 일일

뿐이다. 그러니 '엄마와 딸'로 그 관계를 바꿔나가야 한다.

우선 그동안 받아온 엄마의 도움을 하나둘 줄여 혼자 할 수 있는 일을 늘려야 한다. 스스로 생각하고 결정해야 한다. 맡겨두었던 통장도 찾아와 돈 관리도 스스로 해야 한다. 물론 실수도 있고 실패도 있을 것이다. 사춘기 때 했어야 할 '자아 찾기'를 뒤늦게 하려니 힘들고 더딘 게 당연하다. 하지만 지금 하지 않으면 더 어려워질 뿐이다.

엄마와 건강한 관계를 맺은 다음에야 딸이 아닌 한 인간으로 제대로 설 수 있을 것이다.

판단도
비판도 없이
들어주는 것

우리는 모두 타인의 비판을 들을 수 있는 능력이 부족할
뿐만 아니라 타인의 감정을 크게 거스르지 않고 말하는 능
력 또한 부족하다. 비판을 하는 것에도 비판을 받는 것에
도 모두 다 서툴다.

군이 저울질을 해보면 비판을 받는 능력이 하는 능력보
다 더 부족하다. 부족한 것이 아니라 거의 없다. 이것은 교
양의 문제도 아니고 학식의 문제도 아니다.

가끔 직장에서 상사가 솔직한 의견을 듣고 싶다는 말을
한다. 이런 경우 순진하게 솔직한 의견을 말했다가는 평생

그 사람과는 껄끄러워지고 만다.

비판을 들으면 일단 기분이 나빠진다. 할 만한 비판이었고 주위 사람들도 그 의견에 동조할지라도 일단 들은 사람은 불쾌하다. 그래서 비판한 사람이 자기보다 약자인 경우 괘씸죄를 적용하려 들고, 강자인 경우 한을 품거나 언젠가 강자가 될 그날을 학수고대한다. 그리고 친구인 경우 관계를 끊기도 한다.

괘씸죄나 한의 범위는 상상을 초월할 만큼 넓다. 그리고 오래간다. 그러니 비판을 접하는 순간의 표정 변화까지는 통제하지 못하지만 시간이 좀 걸리더라도 그 비판을 수용하고자 노력하는 상사와 일하는 사람은 행운아이다.

비판을 듣는 그 순간엔 일단 즉각적인 반응은 자제해야 한다. 큰일, 공적인 일뿐만 아니라 사소한 일상사에서도 마찬가지다. 즉각적인 반응은 십중팔구 분풀이나 화풀이이기 때문이다. 시간이 지나 생각해 보면 그렇게까지 화낼 필요는 없었다는 후회가 남는다.

알고는 있지만 비판받는 순간 자제하기란 쉽지 않은 일이다. 비판에 화가 나고 기분이 나쁜 원인이 생각과는 다른 곳, 좀더 깊은 곳에 숨어 있는 경우가 많기 때문이다.

아주 사소한 비판에도 화가 나고 그 도가 지나치다면 십
중팔구 만족한 삶을 살고 있지 않은 것이다. 불평이나 불만
이 있는데 그 원인이 무엇이며 어디에 있는지 파악하지 못
하고 있는 것이다. 따라서 화의 근원을 찾아야 한다. 화의
근원은 그 비판과는 거리가 먼 곳에 있을 가능성이 높다.

스스로 분석할 수 없고 분석한다는 것 자체에 더 화가
난다면, 전문인의 도움을 받아보는 것이 좋다. 현대인이 받
는 여러 가지 스트레스나 그로 인한 장애를 고려할 때 정
신과 치료는 이제 감출 일이 아니다. 병을 감추고 있으면
더 나쁜 결과에 이를 수 있음을 감안할 때 정신과 치료를
받고 있는 것을 다행으로 생각해야 한다.

자신의 삶을 스스로 돌아볼 수 있는 능력이 없는 사람에
게는 내 말을 비판하지 않고 그냥 들어주는 사람이 필요하
다. 그리고 그런 사람이 있다면 그 사람은 행운아이다. 비
판하지 않고 그냥 들어주는 데 우리는 얼마나 익숙한가?
한 번이라도 비판이나 판단 없이 상대방의 이야기를 들어
준 적이 있는가?

다른 사람의 이야기를 있는 그대로 들어주는 것은 내 삶
이 안정되고 마음에 여유와 평안이 있을 때 가능한 일이

다. 그런데 삶의 안정이란, 마음의 여유나 평안이란 돈과 직결되지 않고 학식이나 명예와도 관계가 없다.

쓴소리나 충고는 '좋아하니까' '사랑하니까' 하는 거라고 생각하기 쉽다. 그러나 그냥 대부분의 사람들은 스스로 문제의 원인이나 답을 찾을 수 있는 능력을 갖고 있다. 그런데 차분히 끝까지 생각하지 않고 중도에 인정하고 싶지 않아 외면하기에 해결되지 않을 뿐이다.

내가 어려울 때 말할 상대가 없어 힘들었다면 한 번쯤 다른 사람의 말 상대가 되어주면 어떨까? 상담의 기술이 필요한 것도 아니고 심리학을 알아야 하는 것도 아니다. 그냥 들어주면 된다. 서투른 충고나 지도는 빼고 말이다. 그저 잘 들어주는 것만으로도 우리 사회에서 외롭고 아픈 사람이 줄지 않을까?

만나면
기분 좋은
사람

고등학교 겨울방학 때 우리 집을 찾아온 친구들과 담요 안에 발을 모두 넣고 앉아 시간 가는 줄 모르며 수다를 떨곤 했다.

땅콩과 구운 오징어가 내 방으로 들어온다. 오징어를 먹으며 우리는 오징어라는 별명을 가진 생물 선생님 이야기를 하며 까르륵 웃는다.

그리고 이어서 사과가 들어온다. 왜 오징어 다음에 사과를 먹게 되는지, 순서가 바뀌어야 된다고 생각하지만 쓴맛은 잠시, 곧 사과의 단맛을 느끼며 수다는 이어진다. 그러다 이제 저녁을 먹어야 하니 더 이상의 군것질은 없다는 경고가 주어진다.

이렇게 우리는 학창 시절, 여유로운 시간을 가졌다. 도대체 공부는 언제 했는지, 그렇게 놀면서 대학은 갈 수 있었는지 의아할 것이다. 그런데 그때는 그렇게 공부했고, 그렇게 살았다.

우리는 읽은 책 이야기를 했고, 함께 시를 외웠고, 들은 음악에 대해 이야기했고, 화집을 넘기며 그림을 감상했다. 부모님이나 형제들 소유의 책, 음반, 화집이 모두 동원되었다. 거기에 멋있는 남자 선생님, 남학생 이야기, 장래에 어떤 모습으로 무엇을 하며 살지 제법 심각한 이야기도 많이 나누었다.

그 시절 그런 고민의 시간이 있었기에 오늘 이 모습으로 살아가고 있는 것일지도 모른다는 생각이 가끔 들기도 한다. 돌이켜 보면 참 소중한 시간을 값있게 보냈다는 생각이 들 때마다 감사함이 앞선다.

대화를 나눈다는 것은 어느 한 사람이 주도권을 잡지 않을 때 생명을 얻는다. 여러 명이 만난 모임에서 한 사람이 주로 이야기를 한다면 강의나 강연을 들으러 온 것이 아니기에 그런 행동은 그리 달가운 것이 아니다. 특히 둘만의 대화에서는 주고받는 것이 조화를 이루어야 한다. 주거니 받거니가 자연스러울 때 분위기는 익어가기 마련이다.

그런데 좀처럼 이런 분위기가 조성이 안 되는 경우가 있다. 그런 경우는 대부분 나누는 이야기 내용에 문제가 있다. 자랑, 꾸밈, 허세, 과장이 가미될 때 이야기는 맛을 잃는다.

항상 자랑을 하는 동창이 있다. 학생 때는 자기 집과 자기 자랑을 하더니 결혼하고는 한동안 남편 자랑을 했고 이어 자식 자랑을 하더니 이제는 손주 자랑을 한다. 그 동창은 항상 자랑을 해왔고 우리는 항상 그 자랑을 들어야 했다. 이제 멈출 법도 한데 평생 해온 자랑이라 그칠 수가 없나 보다. 젊었을 때는 나는 이를 만성병이라 불렀고 이제는 불치병이라고 부른다. 이런 사람은 어쩔 수 없이 만나게 되는 경우가 아니라면 구태여 따로 만나게 되지 않는다.

그런가 하면 항상 신문이나 방송에 나온 이야기를 되풀이하는 사람도 있다. 마치 다시 듣기나 다시 보기를 하고 있는 듯하다. 이미 들은 이야기가 그대로 나온다. 한때는 그런 사람이 싫었으나 요즘에는 오히려 그 기억력에 감탄한다. 금방 들은 것도 잊어버리고, 들을 당시에는 재미있어 많이 웃었는데도 그다음 날에는 내가 왜 웃었는지 잘 기억나지 않는 요즘 보고 들은 대로 재현해 내는 그 능력이 부럽다.

이렇게 기억력이 감퇴해 가는데도 만날 때마다 똑같은 이야기를 해서 마치 기억력 테스트를 받는 듯한 기분이 들게 하는 사람도 있다. 대개 별 생각 없이 지내거나 책을 읽지 않는 사람들이다. 생각을 하지 않고 책을 읽지 않으니 매번 똑같은 주변 이야기, 사람들 이야기만 한다. 이런 사람에게 시댁 식구, 남편, 아이들 이야기를 빼고 다른 이야기를 하라고 요구하면 입을 다문다. 이외에 할 이야기가 있기나 한지 의문스러울 뿐이다.

그런가 하면 매번 인터넷에 돌고 있는 허튼 소리나 난센스 퀴즈 같은 이야기만 하는 사람도 있다. 이런 사람을 만나고 오면 기분이 매우 허탈해진다. 어쩌다 듣는 허튼 소리는 웃을 수 있지만 이런 것만 모아가지고 다니면서 이야기하는 사람을 보면 그 사람의 생 전체가 허해 보인다.

만나서 기분 좋은 사람이 분명 있다. 그런 사람은 자기 자랑을 하지 않고, 꾸밈없이 솔직하고 남의 이야기보다는 자기 이야기를 많이 한다. 성공한 이야기도 하지만 실패한 이야기도 주저 없이 하기에 나와 같이 실수도 하는 사람이 란 것이 느껴져 쉽게 가까워진다.

그리고 남의 탓을 하지 않는다. 환경 탓도, 가족 탓도, 이 세상 탓도 하지 않는다. 한마디로 맑고 밝은 사람이다. 이렇게 남의 탓을 하지 않기에 어려운 일을 당했을 때 극복해 낸 이야기를 포함해 살아온 이야기를 들으면 배움이 있다.

한 번의 만남일지라도 나는 이렇게 배움이 있는 만남이 좋다. 이런 사람과는 또 만나고 싶다.

떠날 때를 위하여

강의를 끝내고 해가 진 뒤 강변북로를 이용해 집으로 오고 있었다. 퇴근 시간이었기에 차들은 무서운 속도로 줄줄이 달리고 있었다.

그런데 갑자기 왼쪽 차선을 달리던 트럭이 차선을 바꿔 내 차 앞으로 들어왔다. 옆 거울을 보니 내가 오른쪽 옆 차선으로 이동했다가는 더 큰 사고가 날 것 같았다. 할 수 없이 경적을 울렸으나 트럭은 내 차 운전석 옆의 거울을 박살내며 부딪히고 말았다.

사고를 정리하고 집에 오니 밤 10시가 넘었다. 그 사고

혼자 살면 보이는 것들

로 내가 죽었다면 어찌되었을까를 생각하다 방마다 문을 열어 상태를 점검했다. 다행히 다른 사람이 와서 흉은 보지 않을 만큼 깨끗이 정리되어 있었다.

혼자 사는 사람은 만약의 사태를 감안해서 이따금 주변 정리를 해두어야 한다. 평소 정리를 잘해두는 것은 기본이고 철따라 물건들을 정리하는 것도 필요하다. 그래서 나는 내가 죽었을 때 조카가 와서 정리하며 '이모는 뭐 이런 것을 두었을까'라고 생각할 수 있는 물건은 버리고 '내가 쓸까'라는 생각이 들 것 같은 물건은 두기로 했다.

이렇게 조카의 마음을 상상하며 버릴 물건과 보관할 물건을 구분해 1년에 두 번 정도 집 정리를 하는 것을 목표로 삼았지만 실천하기는 마음처럼 쉽지가 않다. 죽으면 다 필요 없을 물건이지만 아직 살아있기에 조카의 마음을 폐기 기준으로 삼기가 애매하기 때문이다.

미리 유언장을 준비해 두는 것도 필요하다. 법적인 유언장은 법의 절차를 밟아 미리 작성해 두어야 효력이 발생한다. 재산 등 경제적인 측면이 강조되는 이런 법적인 유언장 이외에도 형제나 친구, 지인 들에게 남기고 싶은 말이 있을 때 미리 녹화해 두는 것도 좋을 듯하다.

이런 과정을 통해 자신에게 아직 남겨진 일이 무엇인지 명확히 알 수 있다. 또 이렇게 마음을 정리하면서 성찰과 반성을 할 수도 있고, 용서를 구할 수도 있고, 오해를 풀고 화해할 수도 있다.

다른 사람에게 나누어 주고 싶은 물건도 미리 정해두는 것이 좋다. 부모님께서는 노환으로 돌아가셨기에 준비할 수 있는 시간이 있었다. 어머니께서는 본인과 아버지의 의복 중 좋은 것들을 세탁하여 필요한 사람들에게 미리 나누어주셨다.

아버지는 책을 정리할 때 무척 서운해하셨다. 책들을 정리하는 동안 만지고 또 만지셨고, 집에서 떠나보낼 때는 마치 자식 보내듯 오랫동안 시선을 거두지 못하셨다. 그 모습이 안타깝긴 했지만 정리할 것은 정리해야 한다고 생각했다.

그래서 두 분이 돌아가신 후에 우리가 정리할 것은 거의 없었다. 단지 아버지의 사진 처리가 큰일이었다. 지금 생각하면 사진을 시대별로 정리해서 필요한 사람들에게 나누어 주었다면 좋았을 것이라는 생각이 들기도 한다. 그러나 당시에는 정리하기 바빠서 그러한 생각을 미처 하지 못했다.

이외에도 나와 관계된 서류들, 즉 보험이나 은행, 부동산 등에 관한 서류는 한곳에 모아두어 처리가 쉽도록 배려하는 것이 좋다. 또한 디지털 시대인 만큼 내가 사용하거나 가입한 모든 것의 ID나 비밀번호를 미리 적어두어 내 사후에 그러한 것들이 남지 않고 정리될 수 있도록 자료를 남겨두는 것이 바람직하다.

그리고 장례식에 관해서도 미리 언급하거나 적어두면 유용하다. 나의 외할머니께서는 미리 영결식 순서를 작성해 두고 새해를 맞이할 때마다 검토하면서 필요하면 수정하시고는 했다. 특히 당신이 원하는 것을 분명히 밝히셨기에 일 처리가 용이했다. 부모님 역시 장례식장에서 상주가 입을 의상도 미리 말씀해 주셨기에 그에 따라 하면 되었다.

지금까지 살면서 참석한 장례식은 셀 수가 없지만 김활란 박사의 영결식은 기억에 남는다. 당시 대학교를 갓 졸업해 학교에서 일하고 있을 때라 영결식 준비에 직접 참여했는데, 본인의 당부에 따라 장례식에서 합창단이 승리의 노래를 부른 것이 인상적이었다.

그리고 마지막으로 생각해야 할 것이 시신의 처리 문제다. 매장이나 화장을 할 수도 있고 또 미리 등록해 두면 사망 즉시 해당 기관에 연락이 되어 시신을 기증하고 장기를 필요한 사람에게 기증할 수도 있다. 죽으면서 다른 사람에게 기증할 수 있는 것이 그렇게나 많은지 나는 알지 못했다.

이 세상에 태어나서 어떤 삶을 살고 가느냐도 중요하지만 마지막을 어떻게 처리하고 가느냐가 아마도 살아온 삶의 결론을 내려주는 것이기에 더 중요할지도 모르겠다.

나는 왜 결혼하지 않았을까?

지은이 한정선

1판 1쇄 인쇄 2015. 4. 25
1판 1쇄 발행 2015. 4. 28

펴낸곳 예 · 지
펴낸이 김종욱
책임편집 황경주

등록번호 제1-2893호
등록일자 2001. 7. 23
주소 경기도 고양시 일산동구 호수로 662
전화 031-900-8061(마케팅), 8060(편집)
팩스 031-900-8062
전자우편 yejibk@gmail.com
트위터 @yejibooks
페이스북 Yeji Buk

편집디자인 신성기획
종이 영은페이퍼
인쇄 제본 서정문화인쇄사

ISBN 978-89-89797-91-3 03040

이 도서의 국립중앙도서관 출판시도서목록(CIP)은 서지정
보유통지원시스템 홈페이지(http://seoji.nl.go.kr)와 국가
자료공동목록시스템(http://www.nl.go.kr/kolisnet)에서
이용하실 수 있습니다.(CIP제어번호: CIP2015010506)

예 지 의 책은 오늘보다 나은 내일을 위한 선택입니다.